共演战略画布

路江涌——著

••• CO-EVOLUTION
STRATEGY CANVAS

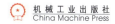

图书在版编目（CIP）数据

共演战略画布 / 路江涌著 . —北京：机械工业出版社，2019.2

ISBN 978-7-111-61921-5

Ⅰ. 共⋯ Ⅱ. 路⋯ Ⅲ. 企业战略 – 战略管理 Ⅳ. F272.1

中国版本图书馆 CIP 数据核字（2019）第 013667 号

本书为《共演战略：重新定义企业生命周期》一书的画布版，从企业的"人与事"以及"内与外"两个基本战略维度出发，构建了用户、组织、产品和市场四要素框架，并结合企业创业、成长、扩张和转型的生命周期，形成了动态性和系统性的战略思维体系。全书通过图表和更加精练的文字，让读者对共演战略更好更快地形成一个总体性的认识。这本书为急需提升战略思辨能力的管理者和个人提供了一套重要的思维框架和行动指南。

共演战略画布

出版发行：机械工业出版社（北京市西城区百万庄大街 22 号　邮政编码：100037）

责任编辑：赵陈碑　　　　　　　　　　　　责任校对：殷　虹

印　　刷：中国电影出版社印刷厂　　　　　版　　次：2019 年 3 月第 1 版第 1 次印刷

开　　本：240mm×186mm　1/16　　　　　印　　张：13.25

书　　号：ISBN 978-7-111-61921-5　　　　定　　价：69.00 元

凡购本书，如有缺页、倒页、脱页，由本社发行部调换

客服热线：（010）68995261　88361066　　　投稿热线：（010）88379007

购书热线：（010）68326294　88379649　68995259　　读者信箱：hzjg@hzbook.com

版权所有·侵权必究

封底无防伪标均为盗版

本书法律顾问：北京大成律师事务所　韩光 / 邹晓东

目录

前言

第1章 共演 001
"共演"的含义 002
"战略"的定义 007
"复杂"的世界 013
知识的体系 030

第2章 要素 039
第一性原理 040
六个关键战略问题 044
用户：企业存在之因 052
组织：企业能力之源 056
产品：企业价值之基 060
市场：企业未来之路 064

第3章 阶段 071
四大要素的生命周期 072
企业价值双S曲线 092
生命密码的核心算法 097
四大要素和四益法则 099
四度空间和四级模式 112

第4章 创业 115
创业四问 116
精益创业阶段十二要点 122

第5章 成长 125
成长四问 126
专益成长阶段十二要点 132

第6章 扩张 135
扩张四问 136
增益扩张阶段十二要点 142

第7章 转型 145
转型四问 146
升益转型阶段十二要点 152

第8章 系统 155
共演战略的系统性 156
共演战略四要素间的
　协同关系 162
要素间协同的基本原则 172
战略方程式 180

第9章 动态 181
共演战略的动态性 182
共演战略十六字诀 192

附录 193
一、共演战略的"魔法
　数字" 194
二、动物的共演战略启示 195

后记 208

前言

改革开放以来,中国经济取得了举世瞩目的发展成就。然而,中国企业在基础研发方面和世界领先水平仍有较大差距。

以手机行业为例,中国企业在手机终端生产方面进步很快,但在芯片领域实力还很薄弱。至于手机的软件,中国有很多开发 App 的企业,但全球手机操作系统都掌握在苹果和谷歌这两家美国企业手中。

所以,虽然跻身世界五百强的中国企业数量可能在几年内赶超美国,但主要行业的基础"操作系统"仍掌握在欧美企业手中,而中国企业大多在开发"App"。

在企业管理领域,情况也不容乐观。在 2017 年"全球最具影响力 50 大商业思想家"(Thinkers 50)中,排在前 25 位的无一不是西方面孔,只有海尔 CEO 张瑞敏作为唯一入围的中国管理思想者位居第 26 位。

如果你留心一下中国图书市场上的管理书籍,你就会发现大多数畅销书都是"舶来品"。少量进入畅销榜的国人写的书也大多是企业案例或企业家个人感悟,而引进的书籍很多是有关管理的"原则"和"原理"的。

如果把企业看作企业家基于管理思想开发的"App",中国企业的"管理操作系统"差不多都是舶来品。虽说"知识无国界",但很难想象,基于欧美"管理操作系统"的中国企业能够全面超越欧美企业。

为此,必须基于中国企业的外部环境、价值观和管理经验,开发中国企业自己的"管理操作系统"。

一套完整的"管理操作系统"应该包括哲学、理论、工具和经验等四个层面。哲学是管理的价值观,理论是管理的思维模型,工具是管理的方法论,经验是管理实践的积累。

《共演战略画布》就是这样一套"管理操作系统"。

哲学: 从"人地天"的角度思考企业中的"人""事"和"时"。从系统性和动态性的角度思考决策面临的"正"和"反",以及二者的"合"。

理论: 从战略管理四要素、四阶段和四路径的角度,构建了一套回答企业的 5W1H(Why、Who、What、Where、When、How)等基本战略问题的理论框架。

工具: 包括超过 50 个实用分析工具,帮助你全方位分析企业战略的人和事、内部和外部等要素,理解企业生命周期各个阶段的战略要点。

经验: 基于超过 200 个企业案例总结出来的战略思维体系,经众多优秀创业者和企业家测试有效。

无论你是创业者、企业家,还是职场达人,《共演战略画布》都能帮助你知时局、揽全局、见终局、应变局。

路江涌
于北大燕园

共演

01
第 1 章

混沌时代,

从创业到卓越的道路上,

决定企业成败的,

是战略要素之间系统性和动态性的

共同演化

"共演"的含义

古体字　简化字

共

演

共演

文化溯源 | "共"字始见于甲骨文。像两手捧着瓮，只不过瓮变作"口"。
管理意涵 | 共：共同。共，表示在一起。同，表示协同、同步。共同就是"系统性"，是多个要素在一起，实现相互之间的协同。万物相生相克，构成这个大千世界。

文化溯源 | "演"字始见于篆文。篆文之字形从"水"，表示与水相关。
管理意涵 | 演：演化。演，表示像水一样流动。化，表示不断变化。演化就是"动态性"，是要素随着时间不断变化。人不能两次踏入同一条河流，万物都随着时间的流动不断演化。

共演 = 系统性 × 动态性

共演，就是从系统性和动态性的角度评估环境、思考战略的思维方式。

共演战略强调"图形思维"，用 2×2 矩阵和双 S 曲线两种基本图形，演绎企业战略的系统性和动态性。2×2 矩阵代表系统性思维方式，双 S 曲线代表动态性思维方式。

"**共演**"（co-evolution）最初来自于生态学，指两个相互作用的物种在演化过程中发展的相互适应的共同演化。

"**共演战略**"借鉴了生态学对物种共同演化的研究，结合企业发展规律，提炼了企业战略的四要素（用户、组织、产品、市场），总结了四要素在企业发展的四阶段（创业、成长、扩张、转型）中相互协同、共同演化的规律。

共演 = 系统性 × 动态性
——之系统性

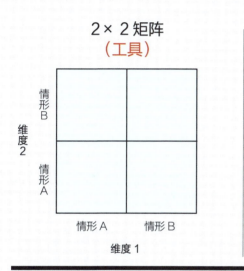

● **特征**

2×2矩阵是最简单的、有用的系统性思维工具。

2×2矩阵的特征是"相互独立,完全穷尽"(英文缩写为MECE)。

2×2矩阵是能够做到不重叠、不遗漏的分类,而且能够借此有效把握问题的核心,并解决问题的方法。

● **举例**

小米提出三个主要的战略方向(物联网、新零售和消费升级),可以用三个步骤分析。

1. 找到分析的维度和情形:小米做的是生意。做生意无非是人的生意或物的生意。小米做的是交易。交易双方可以是主动的,也可以是被动的。

2. 分析四个象限:传统零售是"人主动找物";新零售是"物主动找人";物联网是"物主动找物";消费升级是基于"人和人互动"的。

3. 结论:未来商业中,物被智能化,被赋予主动的能力。同时,人和人之间的互动变得非常重要,巨头都应该补齐这一块。

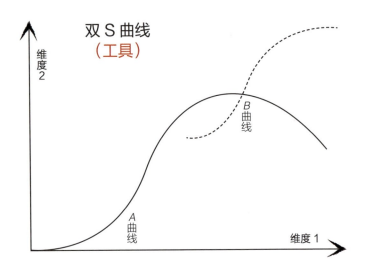

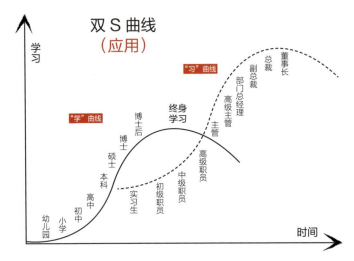

● 特征

双 S 曲线是最简单的、有用的动态性思维工具。

双 S 曲线的特征是"彼此相交，相互纠缠"。

双 S 曲线是动态变化趋势的简化图示。现实中，可能会有多条 A 曲线（A_1、A_2……）和多条 B 曲线（B_1、B_2……），曲线的形状也可能更陡峭或更平缓。双 S 曲线的基本思路是，在一条（或一波）曲线上升到顶点之前，新的一条（或一波）曲线已经（应该）开始形成了。

● 举例

我们每个人都需要学习。"学而时习之"中，"学"不单是"学习"的意思，《说文》中说，学，"觉悟也"；"习"不单是"温习"的意思，《说文》中说，习"数飞也"，意为重复练习。学是知，习是行，"学习"就是"知行合一"。

1. 现行教育模式下，我们的"学和习"，或者说"知和行"很大程度上是分开的。从幼儿园到高中，从本科到博士，主要都是在"学"，而这个"学"还往往是以记忆为主，而不是以"觉悟"为主。

2. 很多人从高中或大学毕业开始进入"习"的曲线，一些人可以从实习生，做到董事长。在"习"的过程中，有些人回到学校"学"，或"自学"。

3. 理想状态下，"学"和"习"这两条曲线应该有更高的重合度，"学习结合、知行合一"，拧成"终身学习"的一股绳，在"学习"的深度、宽度、维度上不断画出新的 S 形曲线。

工具：2×2矩阵

工具结构

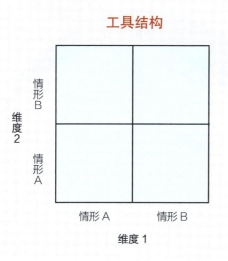

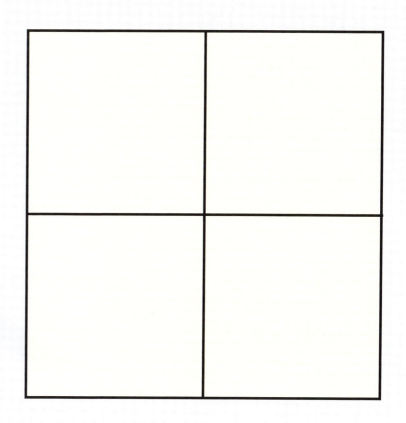

工具特征

在2×2矩阵的左方和下方，分别写上你的两个基本分析维度，以及每个分析维度的两个基本情形。

在2×2矩阵的四个象限中，分别写上相应的说明文字。

工具：双 S 曲线

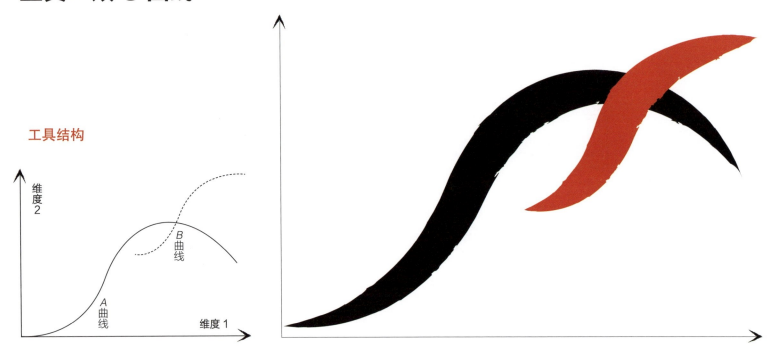

工具结构

维度 2

A 曲线

B 曲线

维度 1

工具使用 ——

在双 S 曲线的横轴和纵轴，分别写上你的两个基本分析维度。在两条 S 曲线上，分别写上曲线的名称。

在工具空白处，写上更多说明性文字。

"战略"的定义

古体字　　简化字

战

文化溯源 ｜ "战"字始见于金文，从戈，单声。"单"是一种原始的武器；"戈"为战争常用的兵器。
管理意涵 ｜ 战：征战。"战"的本义是武力侵占，是"向外求"。向外征战，需要格局。有大格局，才有好战略。

略

文化溯源 ｜ "略"字始见于篆文。篆文字"略"从"田"，"各"声。从田，表示与土地有关。
管理意涵 ｜ 略：谋略。"略"的本义是计谋、谋略，是"向内求"。向内谋略，需要视野。不仅看得远，还要想得深。

战　略

管理意涵 ｜ 所以，可以这样理解战略：

战略 = 征战 × 谋略

也可以这样理解战略：

战略 = 格局 × 视野

战略（Strategy）是什么？一千个人心中有一千种战略的定义。常见的说法为，战略是一种从全局考虑谋划实现全局目标的规划，而战术是实现战略的手段。回到文化本源就会发现，"战主外，略主内"，战略既是一门内外兼修的学问，又是一门兼具格局和视野的艺术。

$$战略 = \frac{格局}{视野}$$

"格局"就是系统性,
"视野"就是动态性。

拥有大格局,就是要能俯瞰全局内的系统性。

具备远视野,就是要能看到时局和终局之间的动态性。

所以,培养共演战略思维,就是要培养具有系统性和动态性的格局和视野。

格局和视野的两个维度
格局代表战略的空间感,视野代表战略的时间观。

四个分类
从空间上看,有局部和总体。从时间上看,有现在和未来。

四个象限
"知时局":立足当下,着眼局部。
"揽全局":站在月球看地球。
"见终局":站在未来看现在。
"应变局":知机识变,处变不惊。

"**格**"字始见于金文。左边是一个"木"，表示器械，右边是一个"各"，引申为进攻获得的土地空间。

"**局**"字始见于战国秦简。上面一个尺子的"尺"，下面一个"口"，表示被控制住的一片区域。"格局"放在一起，表示空间大小。

"**视**"字始见于甲骨文。左边的"礻"表示祭祀的意思，右边的"目"是看见的意思。合在一起，表示"祭祀的时候要仔细察看显示的征兆"。

"**野**"字始见于篆文。左和右是两个"木"，合起来是山林的"林"，两个"木"中间是个"土"字，表示田园。左中右合在一起表示田园土地与蛮荒森林之间的过渡。

战略
知时局、见终局、揽全局、应变局。

举例，阿里巴巴制定战略的四个步骤是"终局、布局、定位、策略"。

① 见终局才能有方向；② 揽全局才能更好布局；③ 知时局才能准确定位；④ 应变局是策略的目的。

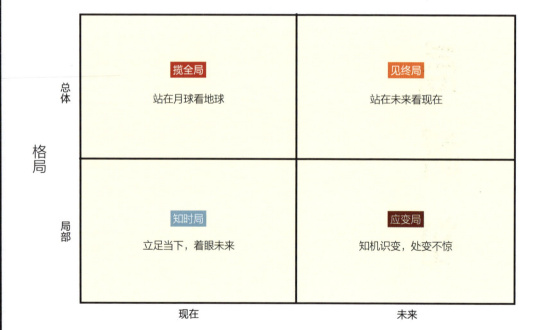

（共演 SWOT 分析工具）

工具说明

1. 传统的 SWOT 分析主要是站在局部，分析现在拥有的优势和劣势、面临的机会和威胁。
2. 共演 SWOT 分析，把分析的格局扩展到"局部 + 总体"，把分析的视野扩展到"现在 + 未来"。

使用方法

1. 在右图中，填入企业现在局部、现在全局、未来局部、未来全局拥有的优势、劣势，面临的机会、威胁。
2. 分析四个象限的优势、劣势、机会、威胁会如何相互转换。

例如：当下局部的劣势，放在当下全局看，是否会变成优势；或者，当下局部的威胁，放在未来全局，是否会变成机会。

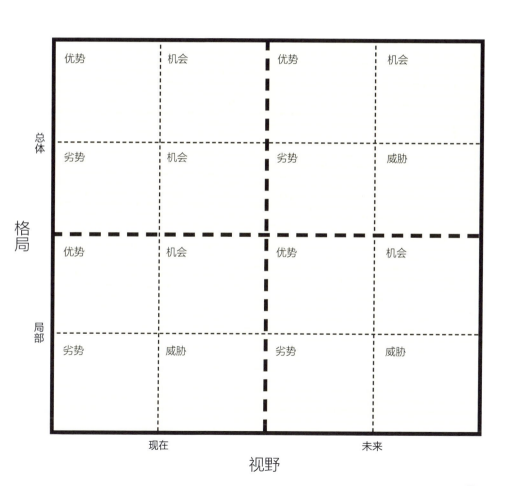

战略 = 格局 × 视野

（共演 SWOT 分析举例）

应用举例

1. 右侧的例子，以得到 App 所在的知识付费为"局部"，以更广泛的教育行业为"总体"。

2. 以 2018 年年初的状况为"现在"，以大约 2 年后的发展为"未来"，对优势、劣势、机会、威胁的分析。

注：举例不代表作者对涉及企业经营的判断和评价，仅作为理解分析思路的参考。

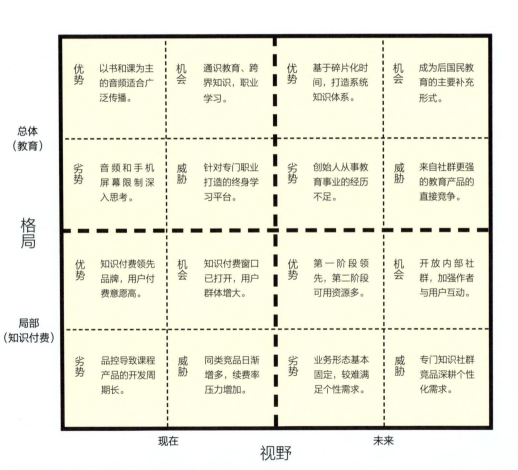

	现在				未来		
总体（教育）	优势	以书和课为主的音频适合广泛传播。	机会	通识教育、跨界知识、职业学习。	优势	基于碎片化时间，打造系统知识体系。	机会	成为后国民教育的主要补充形式。
	劣势	音频和手机屏幕限制深入思考。	威胁	针对专门职业打造的终身学习平台。	劣势	创始人从事教育事业的经历不足。	威胁	来自社群更强的教育产品的直接竞争。
局部（知识付费）	优势	知识付费领先品牌，用户付费意愿高。	机会	知识付费窗口已打开，用户群体增大。	优势	第一阶段领先，第二阶段可用资源多。	机会	开放内部社群，加强作者与用户互动。
	劣势	品控导致课程产品的开发周期长。	威胁	同类竞品日渐增多，续费率压力增加。	劣势	业务形态基本固定，较难满足个性需求。	威胁	专门知识社群竞品深耕个性化需求。

格局 / 视野

"复杂"的世界

"**复**"字始见于甲骨文，是个象形字，甲骨文里是一个"两头各有出口的城邑"加上一个代表"行走"的"止"字，合起来表示出城后往返的意思。

"**杂**"字始见于战国文字，是个会意字。通过简体字"杂"，你就可以很容易理解造字的本意。"杂"是上面一个"九"，加上下面一个"木"。"九"表示多，意思就是很多种树木混杂在一起。

"**复**"和"**杂**"这两个都表示"数量多"且"种类多"的字合在一起，就构成了我们现在用的"复杂"。《现代汉语词典》中对它的解释，就是事物的种类、头绪等，多而杂。

"**复杂**"实际上已经成了一门叫"复杂系统"的科学体系。《复杂》一书给复杂下的定义是："复杂系统是由大量组成部分构成的网络，不存在中央控制，通过简单运作规则产生复杂的集体行为，处理复杂的信息，并通过学习和演化产生适应性。"

人们常常用"复杂"形容现实世界。事情很复杂，人更复杂。但是，到底应该如何理解"复杂"？实际上，可以用一个非常简单的公式理解复杂：

复杂 = 不确定性 × 不连续性

古体字	简化字
𠬞	复
雜	杂
复	杂

复杂 = 不确定性 × 不连续性
—— 之不确定性

从古到今，人类社会的演进和科学的发展，很大程度上就是为了降低不确定性。例如，从茹毛饮血的狩猎时代，进入刀耕火种的农耕时代，并不是因为农耕的方式比狩猎的方式获得能量的效率更高，而是因为农耕获得能量的确定性更高。再如，人类发展科学的目的也是掌握世界的一些确定性的规律，然后利用这些规律来帮助人类获得确定性的结果。

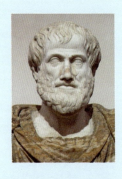

亚里士多德时代，人们认为地面上物体和天上物体的运动规律不同，在地面上的不同物质组成的物体的运动方式也不一样。

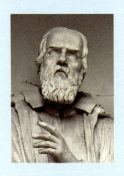

哥白尼、开普勒和**伽利略**等科学家发现，根据地面上物体总结出来的运动定律居然也能解释天上物体的运动。

以**牛顿**力学为基础的天文学描绘了一幅"钟表宇宙"的图景：宇宙运行遵循牛顿三大定律。

1. 在任何情况下，一切物体在不受外力作用时，总保持静止或匀速直线运动状态。

2. 在所受外力合力一定的情况下，物体的加速度与物体的质量成反比；在质量一定的情况下，加速度与所受外力合力大小成正比。

3. 两个物体之间的作用力和反作用力，在同一条直线上，大小相等，方向相反。

牛顿三大定律最主要的特点是线性和确定性。数学家拉普拉斯曾断言，根据牛顿三大定律，只要知道宇宙中所有粒子的当前位置和速度，原则上就有可能预测任何时刻的情况。**牛顿经典力学，曾被认为是人类认识世界确定性的巅峰之作。**

1927 年，**海森堡**提出了量子力学中的**"测不准原理"**，证明不可能在准确测量粒子位置的同时，又准确测量其动量。海森堡的"测不准原理"曾被认为仅仅在微观世界起作用。

科幻小说**《三体》**的流行让**宏观世界**的不确定性成为人们热议的话题。

三体问题指的是三个质量、初始位置和初始速度都是任意的、可视为质点的天体，在相互之间万有引力的作用下的运动规律，不能被精确求解。这就是《三体》中描述的三体星忽冷忽热、不断灭亡背后的原理。

复杂 = 不确定性 × 不连续性
—— 之不连续性

阿喀琉斯悖论

有一次,希腊传说中的勇士阿喀琉斯碰到一只乌龟,乌龟嘲笑阿喀琉斯说:"别人都说你厉害,但我看你如果跟我赛跑,还追不上我。"

阿喀琉斯大笑:"这怎么可能,我就算跑得再慢,速度也有你的 10 倍,哪会追不上你?"

乌龟说:"好,那我们假设一下。你离我有 100 米,你的速度是我的 10 倍。现在你来追我了,但当你跑到我现在这个位置,也就是跑了 100 米;这时候我也已经往前跑了 10 米;当你在追到我这个位置的时候,我又向前跑了 1 米;你再追 1 米,我又往前跑了 1/10 米……总之,你只能无限接近我,但你永远也不能赶上我。"

"乌龟的话听起来好有道理,"阿喀琉斯想,"好像我真的跑不过这只乌龟……"

普朗克的墓碑上只有一行字：
$h = 6.62 \cdot 10^{-34} W \cdot s^2$

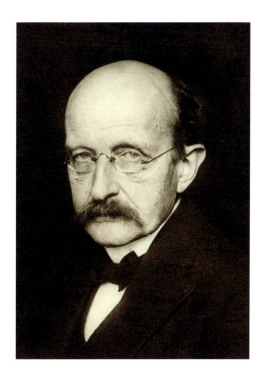

理解阿喀琉斯悖论需要有两个知识，第一个知识是无穷级数。无穷级数可以简单地理解为无数个（比如越来越小的）数相加，但收敛的无穷级数之和是一个有限的数字。例如 1+1/2+1/4+1/8+1/16+1/32…的结果是单调递增，无限趋近于 2，而不是无穷大。中国有句古话，"一尺之锤，万世不竭"。意思是，一尺的长度可以无穷分。但换过来想，无穷个数字相加，就等于 1 尺。应用到阿喀琉斯悖论里，阿喀琉斯会在有限的时间里追上乌龟。

第二个知识是普朗克常量。1900 年，物理学家马克斯·普朗克发现自然界能量的发射和吸收，一次至少要传输一个确定的量，或者是这个量的整数倍，不可能是这个量的 1/2，更不可能无限地细分下去。这个被称作普朗克常量的值虽然非常小，大约等于 $6.62 \cdot 10^{-34}$ 焦耳·秒（J·s，由 W·s^2 换算而来），但这个发现奠定了量子力学的基础，同时，几乎颠覆了经典物理学的大厦。

量子力学告诉我们，"无限分割"的概念是一种数学上的理想，而我们的世界所遵循的则是不连续的。

基于普朗克常量得出的普朗克长度是 1.6×10^{-35} 米，空间不会有比这更小的长度单位；普朗克时间是光走过一个普朗克长度要用的时间 5.4×10^{-44} 秒，没有比这更短的时间存在。

复杂 = 不确定性 × 不连续性

不确定性和不连续性是近一百多年来科学的两个重要进展,也是我们理解这个复杂世界的两个基本维度。"复杂 = 不确定性 × 不连续性"这个公式可以帮助我们理解复杂。

不确定性和不连续性分别从空间和时间两个维度解构"复杂"。世界之所以"复杂",一方面是因为未来发展方向的不确定性,也就是说,在同一个时点有很多可能性;另一方面是因为未来发展路径的不连续性,也就是说,通向未来的很多路径是走不通的。

把未来发展方向的不确定性和未来发展路径的不连续性都分为"高"和"低"两种情况,就可以得出一个解构复杂的图示。

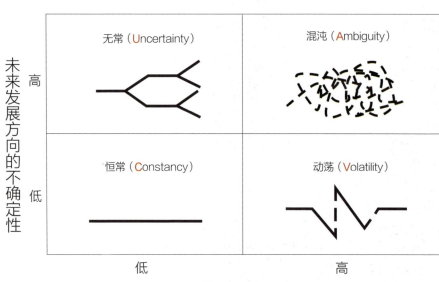

重新定义 VUCA

V U C A

"恒常"：未来发展方向的不确定性和未来发展路径的不连续性都低的情况称为"恒常"（Constancy）。事物的发展就好比是一条笔直的实线，既没有方向上的不确定性，也没有路径上的不连续性。在"恒常"状态下，事物的发展是可以预先确定的。

"动荡"：未来发展方向不确定性低，而发展路径不连续性高的情况称为"动荡"（Volatility）。事物的发展就好比是一条两端方向确定的线。然而，虽然起点和终点的方向基本确定，但中间的道路并不平坦，有沟沟坎坎，或者说起点和终点之间的路径也不连续，有些地方甚至过都过不去。在"动荡"状态下，事物发展的方向是可以预先确定的，但能否克服路径上的不连续性，达到预定目标，事先是不知道的。

"无常"：未来发展方向不确定性高，而发展路径不连续性低的情况称为"无常"（Uncertainty）。事物的发展就好比是一个分叉的树枝，从一个起点开始，随着往前的发展逐步分叉，不同的分叉指向不同的方向。这个树枝的特点是分叉多，但每一段树枝都是连着的。也就是说，虽然发展的方向不确定，但通往每个方向的路径都是通的。

"混沌"：未来发展方向不确定性和发展路径不连续性都高的情况称为"混沌"（Ambiguity）。用图形表示，就好像是中间断断续续的线团，也好像中间有很多陷阱的迷宫。走出迷宫的方向不确定，需要一点一点摸索。走出迷宫的路上又遍布陷阱，一不小心就会深陷其中。在"混沌"状态下，事物发展的方向是不确定的；能否达到目标，事先也是不可知的。

重新定义 VUCA：VUCA 是宝洁公司首席运营官罗伯特·麦克唐纳最新借用的一个军事术语，用来描述多变的商业世界格局。但是，原来对 VUCA 的各种介绍和使用中，都并没有说明"V、U、C、A"四个字母代表的四种情况（Volatility、Uncertainty、Complexity、Ambiguity）之间的逻辑关系。

"复杂 = 不确定性 × 不连续性" 这个公式清楚地说明了"V、U、C、A"的关系，重新定义了 VUCA。

分析工具

工具说明

1. 个体分析：在图中标出一个分析对象的多个维度在未来某段时间内，整体发展方向的不确定性和未来发展路径不连续性的程度（从1到10，1为最低，10为最高）。

2. 对比分析：在图中，用不同的符号，标出多个分析对象某个维度在未来某段时间内，整体发展方向的不确定性和未来发展路径不连续性的程度。

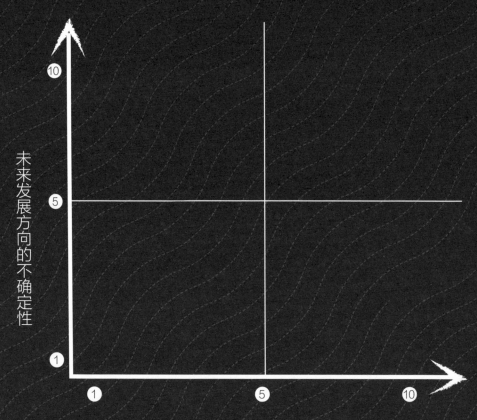

应用举例 —

技术的未来发展受两个主要因素的影响，一个是技术本身的成熟度（影响技术方向确定性），另一个是社会对技术的接受度（影响应用路径连续性）。如：虚拟现实的技术成熟度较高，且社会接受度也较高。而通用人工智能远未成熟，且社会对技术的负面影响顾虑很多。

举例： 技术趋势的不确定性和不连续性

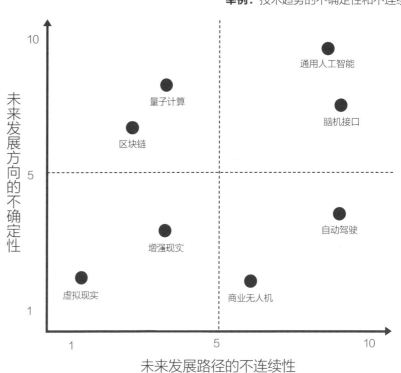

复杂与人生

听过很多道理，依然过不好这一生

电影《后会无期》中有这么一句台词，戳中了很多人的痛点："听过很多道理，依然过不好这一生。"要理解这句话，需要从"复杂"的角度理解人生。

可以把人的一生分成童年、青年、中年和老年四个阶段，人在这四个阶段面临的不确定性和不连续性不同。

童年： 是人的一生中最有想象力的时期，儿童的未来发展方向有着"无限"可能性。同时，童年也是人比较脆弱的一段时期。缺乏人生经验，身体发育尚未完成。所以，童年阶段的未来发展方向不确定性高，而且未来发展路径不连续性也高，是迷迷糊糊（混沌）的童年。

青年： 进入青年时期，人的未来发展不确定性仍然很高，但未来发展路径的不连续性降低了。青年人有强健的体魄和强大的学习能力，面对各种可能性，一旦做出选择，只要踏实肯干，通常是能够跨越发展路径上的不连续性的。年轻人只要努力，都能"士别三日，当刮目相看"（无常）。

中年： 人到中年之后，由于生活和工作中形成的沉没成本，未来发展方向的不确定性迅速降低。我们很少看到 50 多岁的中年人还在不断地探索人生方向的可能性。同时，人到中年压力最大，事业上升可能遇到瓶颈，家庭责任来自各个方面，身体健康也可能出现问题，中年人的未来发展路径出现了不连续的可能性。所以说，中年阶段属于未来发展方向的不确定性低，而未来发展路径不连续性高的阶段（动荡）。

老年： 进入老年阶段，人的未来发展方向不确定性会进一步降低，未来发展路径的不连续性也会降到较低水平。由于老年人通常不再选择冒险，个人面对的风险程度会迅速降低，加之人体新陈代谢速度放慢，老年人一般都会过上一种平稳、祥和（恒常）的生活。正如陆游的《社日小饮》所说："人生当惜老年时，醉插山花压帽欹，世事恰如风过耳，微聋自好不须治。"

不同阶段的人生态度

童年阶段
尝试可能性，验证喜爱度

青年阶段
追求成长性，保持专注度

中年阶段
关注增益性，控制风险度

老年阶段
强调持续性，抑制衰退度

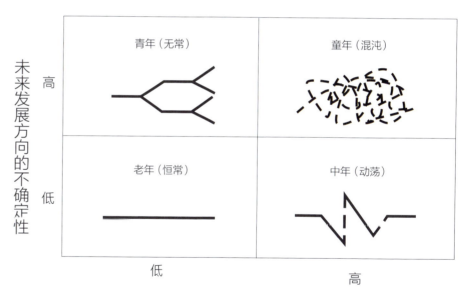

人生四阶段
分析工具

使用方法 ——

1. **榜样分析**：研究一位你的人生榜样，列出 TA 在童年、青年、中年和老年都做了什么事情，以应对发展方向的不确定性和发展路径的不连续性。思考你能从榜样身上学到什么。

2. **个人分析**：标出你现在处于的人生阶段。反思你在已走过的阶段里是如何应对发展方向的不确定性和发展路径的不连续性的。思考在当下和未来的阶段里，你应该怎么做。

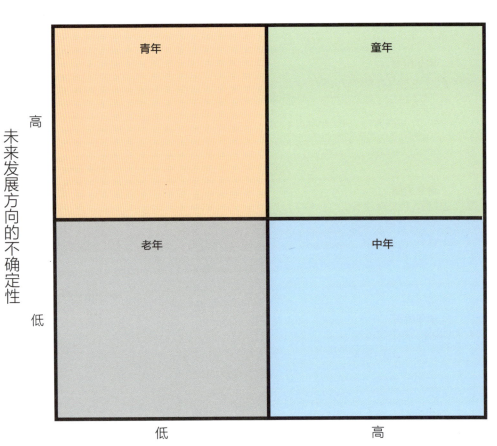

应用举例 ——

股神沃伦·巴菲特从小就尝试做各种生意,发现了自己的生意天赋。青年阶段,专注金融和经济学的学习,果断入行,快速成长。中年时期,经历美国股市动荡,但由于关注价值投资,控制了投资风险。进入老年期,经历了多次金融危机,但坚持长期价值投资,重视基本面,保持了持续增长。

	青年	童年
高	17岁,考入宾夕法尼亚大学。 21岁,获哥伦比亚大学硕士学位。 22岁,和苏珊·汤普森结婚。 27岁,成立巴菲特投资俱乐部,掌管50万美元。 38岁,掌管1亿美元。	4岁,沃伦·巴菲特便开始推销口香糖给邻居。 9岁之前,干过5份"工作"。 11岁,购买了平生第一张股票。
	老年	中年
低	68岁(1998年),收购通用再保险公司。 71岁(2001年),公司经历20世纪90年代之后的唯一一次负收益。 82岁(2012年),称自己经诊断患有前列腺癌。	40岁(1970年)开始,美国股市低迷,购入大量股份。 58岁(1988年),购入可口可乐7%股份。

未来发展方向的不确定性

低　　　　　　　　　　　　高

未来发展路径的不连续性

企业战略类型

企业如人生。可以把企业的生命周期分成创业、成长、扩张（成熟）和转型/衰退等阶段。企业在这几个阶段面临的不确定性和不连续性不同，因而适用的战略类型也不同。

01

第一种战略类型是"计划式战略"，适用于扩张/成熟阶段的企业。这个阶段，企业"未来发展方向的不确定性"和"未来发展路径的不连续性"都低，企业可以按照预想的发展方向，按部就班地发展。例如，计划经济时代的很多企业采取的就是计划式战略，提前3～5年，甚至是10年就制定好了战略规划，然后就是分解落实。

02

第二种战略类型是"愿景式战略"，适用于成长阶段的企业。这个阶段，企业"未来发展方向的不确定性"低，但"未来发展路径的不连续性"高。愿景式战略简单来说，就是许下一个大愿，确定了企业的发展方向，然后不顾艰难险阻，奋力前行，不到黄河不死心。例如，1999年创立阿里巴巴的马云，看准了电商是未来的方向，发挥了特别能鼓舞信念的精神，大谈愿景，终成大事。

03

第三种战略类型是"涌现式战略"，适用于转型阶段的企业。这个阶段，企业"未来发展方向的不确定性"高，但"未来发展路径的不连续性"低。"涌现"是指系统中的个体遵循简单的规则，通过局部的相互作用构成一个整体的时候，一些新的属性或者规律就会在系统层面涌现出来。采用"涌现式战略"的企业会放权给一线员工，让离市场最近的他们不断获取新的信息，通过信息交互和协同，形成众多可能的战略选项，然后企业通过一定的机制把好的选项挑出来。华为、海尔、腾讯、阿里等企业在面对高不确定性寻找新的发展方向时，采取的都是涌现式战略。

04

第四种战略类型是"适应式战略"，适用于创业阶段的企业。这个阶段，企业"未来发展方向的不确定性"和"未来发展路径的不连续性"都高。创业阶段企业往往采取的"走着瞧"的战略，"走"和"瞧"都很重要，不能只走不瞧，也不能光瞧不走，更不能闭上眼睛站在原地。"走着瞧"的关键是根据走到的地方调整瞧的方向，根据瞧到的信息调整走动的步伐。

基于不确定性和不连续性两个维度，"共演战略"指出了不同阶段企业适用的适应式、愿景式、计划式和涌现式等四种基本战略类型。简洁明了，指导性强。

四种基本企业战略类型

未来发展方向的不确定性 高	涌现式战略（Emergent）（转型阶段）	适应式战略（Adaptive）（创业阶段）
低	计划式战略（Planning）（扩张/成熟阶段）	愿景式战略（Visionary）（成长阶段）
	低　　　　　　未来发展路径的不连续性　　　　　　高	

四种基本企业战略
分析工具

使用方法 —

1. 纵向分析：在图中列出一家代表性企业在不同发展阶段战略的变化，思考这些变化背后的不确定性和不连续性。

2. 横向比较：在图中列出同一行业内使用四种不同战略的企业的名称，思考这些企业面对类似不确定性和不连续性时战略态度的差异。

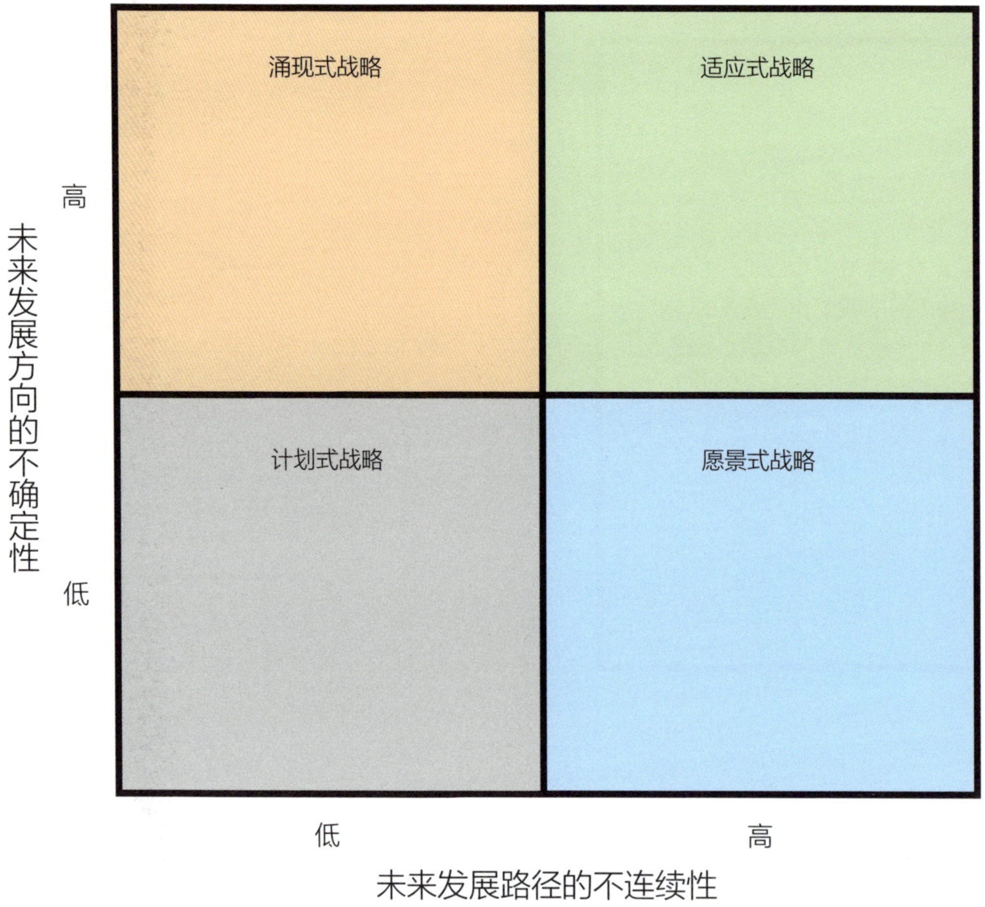

	未来发展路径的不连续性（低）	未来发展路径的不连续性（高）
未来发展方向的不确定性（高）	涌现式战略	适应式战略
未来发展方向的不确定性（低）	计划式战略	愿景式战略

应用举例

华为的发展史可以分为四个阶段。在1987～1994年期间，面临不确定性和不连续性双高的环境，华为提出"狼文化"等实用主义口号，属于"适应式战略"。在1995～2004年期间，面临不确定性低但不连续性高的环境，华为提出"20年后，三分天下，华为有其一"等愿景，属于"愿景式战略"。在2005～2010年期间，面临不确定性低且不连续性也低的稳定环境，提出"深淘滩，低作堰"等口号，属于计划式战略。2011之后，华为面临的环境变得不确定，为此，华为提出了"云管端一体化"的战略，新的发展方向从市场涌现出来。

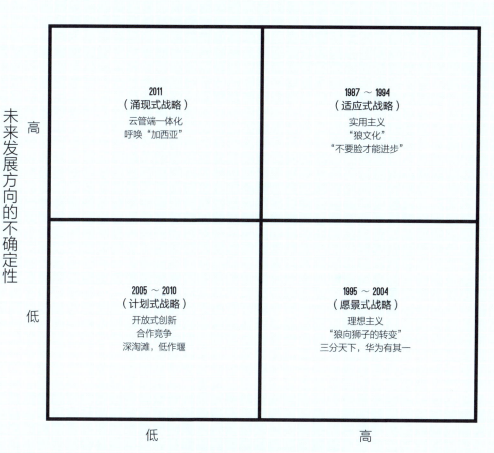

知识的体系

人类知识体系

为了应对生存面临的巨大不确定性和不连续性，人类构建了一个庞大的知识体系，可以分成四个层次：经验、工具、理论和哲学。

首先，人们在日常生活中获得经验。其次，人们从经验中总结规律，形成工具和流程。再次，人们从具象的规律中抽象出理论和科学体系。最后，人们通过长期的实践和思考，形成文化和哲学。

东西方差异

中国文化源远流长，历经数千年仍能保持基本特征和深层结构。但文化的延续性也在一定程度上造成了文化的单一性，几乎没有机会形成多元化的理论和工具。中国也因此可以说是即利用文化哲学直接指导实践。也就是说，中国的原生知识体系中缺乏理论和工具的"中间层"。

以欧洲为代表的西方社会历史上没有形成大一统局面，地理上的分割加上半耕半牧和重视贸易的社会经济结构，形成了西方社会众多的哲学流派。另外，中世纪黑暗时代之后，西方的传统文化哲学断裂，但在文艺复兴和启蒙运动之时得到了反思和发展，形成了现代科学和工程的基础。也就是说，西方的原生知识体系中，有包括文化哲学、科学理论、工程工具、经验案例的完整知识体系。

一百多年以来，中国一直"师夷长技"，学的就是作为"中间层"的科学和工程。但是，对于管理学科等社会科学而言，西方的理论和工具在中国的适用性比较低。这就需要我们努力建立基于中国管理实践的整合经验、工具、理论和哲学的管理知识体系。

《共演战略：重新定义企业生命周期》和《共演战略画布》正是这样的尝试。

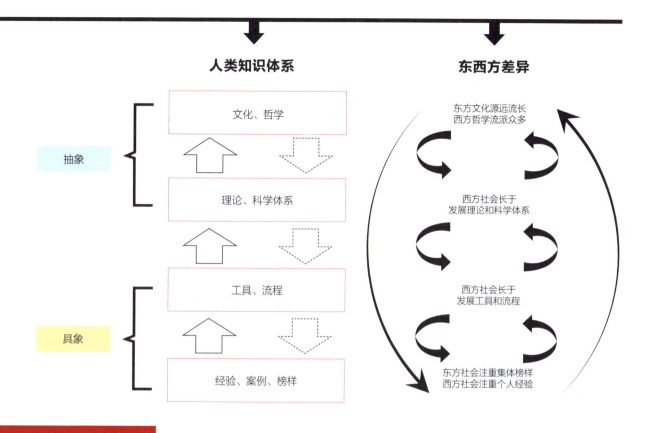

案例：混沌大学的尝试

作为国内具有影响力的创新创业者学习组织，混沌大学和湖畔大学进行了一些尝试。以混沌大学为例，在李善友创办混沌大学前身颠覆性创新研习社的时候，主要讲述的内容是"颠覆式创新"，而颠覆式创新属于理论层面。在创办混沌创业营之初，李善友主要讲述的是"第一性原理"，而第一性原理从本质上属于哲学层面（源于亚里士多德的"第一因"）。随后，混沌创新院成立，讲述的主要内容包括第一性原理、多元思维模型和创新方法论。这些内容，在一定程度上涵盖了哲学、理论、工具三个层面，结合学员丰富的经验，产生了不错的效果。

但是，基于中国实践的管理知识体系的建构，需要更多人的参与和努力。

知识体系的两个案例

>> **案例：乔布斯的知识体系**

乔布斯的成功，是他的知识体系中哲学、理论、工具和经验综合作用结果。

哲学： 乔布斯融合了西方理性主义和非理性主义。理性主义是造就乔布斯的时代背景，非理性主义是乔布斯的个人特征。他在哲学最基本的理性和非理性之间找到了平衡。

理论： 乔布斯自学了信息理论、计算机科学、生命科学、复杂系统和社会科学等很多理论知识。

工具： 乔布斯融汇了科学的严谨方法和人文艺术的美学方法，同时，非常重视用户体验、设计思维等方法论。

经验： 乔布斯从小被领养，成长过程中受到工程师养父等人的影响，喜欢上电子学。进入大学后很快退学，和沃兹尼亚克一起开发电脑。1976 年创立苹果公司，1985 年离开苹果公司创立 NeXT 公司，1996 年回归苹果，2011 年辞世。

人类知识体系	乔布斯的知识体系
文化、哲学 （第一因）	**文化**：求知若饥，虚心若愚 **哲学**：中庸，理性和非理性的平衡
理论、科学体系 （思维模型）	**理论**：信息理论；计算机科学； 生命科学；复杂系统；社会科学
工具、技能 （方法论）	**工具**：（科学+艺术）方法论；从小迷恋电子学；大学喜欢书法等艺术课程
经验、榜样 （案例）	**经验**：被领养、大学退学、创立苹果、离开苹果、创立 NeXT、重回苹果 **榜样**：惠普创始人等早期硅谷精英

案例:"共演战略"的知识体系

"共演战略"试图建立一个涵盖哲学、理论、工具和经验的创业和战略知识体系。

哲学: 人地天,正反合。人、地、天分别反映了战略的人、事和时。正、反、合分别反映了战略的最好、最坏和最可能的情况。

理论: 四要素、四阶段和四路径。四要素是用户、组织、产品、市场;四阶段是创业、成长、扩张、转型;四路径是用户战略、组织战略、产品战略和市场战略。

工具: 基本的工具是 2×2 矩阵和双 S 曲线。这两个工具变化出共演四阶段的战略画布等诸多分析工具。

经验: 共演战略是基于众多中国企业创业成长的案例,通过同创业者与企业家长时间密切交流和深度讨论,形成的知识体系。

人类知识体系

- 文化、哲学（第一因）
- 理论、科学体系（思维模型）
- 工具、流程（方法论）
- 经验、榜样（案例）

"共演战略"知识体系

- 哲学：人地天；正反合
- 理论：四要素、四阶段、四路径
- 工具：2×2矩阵 + 双S曲线
- 案例：200多个本土案例

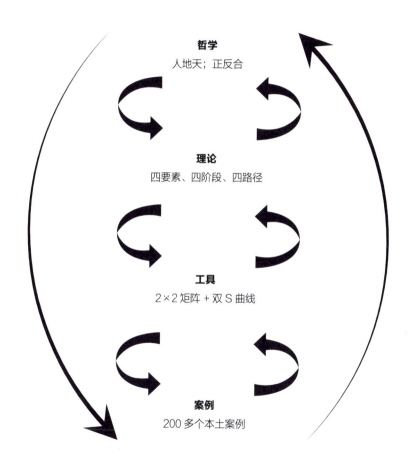

知识体系
分析工具

使用方法

1. **榜样分析**：研究你的一位人生榜样，在右图的空白处，列出他的知识体系，包括：他的经验、榜样；他掌握的工具、技能；他掌握的理论和科学知识；他的文化与哲学观。

2. **个人分析**：反思一下你自己的知识积累，在右图的空白处，列出你的知识体系，包括：你的经验、榜样；你掌握的工具、技能；你掌握的理论和科学知识；你的文化与哲学观。

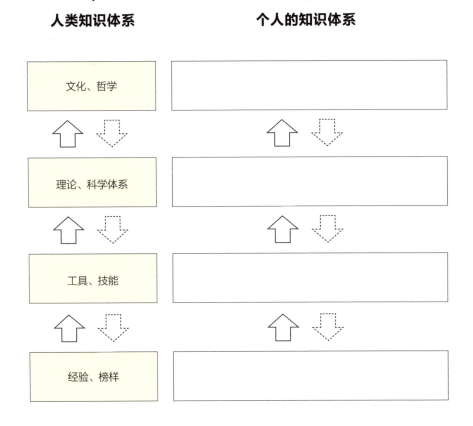

"复杂"与"简单"

笛卡尔方法

近代科学的思想奠基人之一勒内·笛卡尔提出了对科学研究至关重要的研究方法:"笛卡尔方法"。如果一个问题过于复杂,以至于一下子难以解决,那么可以把原问题分解成一些足够小的问题,然后再分别解决。

笛卡尔方法有四个命题:

① 绝不承认任何事物为真,除非明明白白知道它确实为真。

② 将所要检查的每一道难题,尽可能分解成许多部分,以作为妥善解释这些难题的要害。

③ 依照次序引导我们的思想,由最简单的、最容易认识的对象开始,一步一步地上升到复杂的知识。

④ 处处做周全无误的核算与普遍不漏的检查,直到足够保证没有遗漏任何一件为止。

笛卡尔方法假定,当所有分割的问题都被解决之后,解答之和就给出了一个对整体问题的答案。由简单上升到复杂的方法论为我们指引了一个方向,我们将对复杂系统做进一步的探讨。

盲人摸象的故事里有六个盲者,他们分别摸到大象的不同部位,各自说大象像绳子、柱子、扇子,等等。这个故事里缺了一个能够综合六个盲者的意见,形成整体概念的人。面对大象这个复杂系统,盲者不仅需要把大象分为几个部分进行研究,还要进行整合,研究复杂系统各部分间的关系和作用机制。

总体大于部分之和是复杂系统的重要特点。以生命体为例,当系统被分解后,某些东西(包括生命本身)就不可挽回地失去了。

当然,这些局限并不意味着我们不应该使用笛卡尔方法,因为我们实在是没有办法直接研究一个复杂的系统。人类还无法通过单个研究理解复杂事物的全部特性,因而只能够通过对事物做分解研究,然后整合的方法认识世界。

但是,我们必须意识到这种方法的深层含义,必须把包括生命体在内的很多系统理解为真正的复杂系统。正是这样,我们也应该把企业及其环境理解为一个复杂系统。

首先,企业的战略行为属于复杂行为,具有不确定性和不连续性。其次,企业和环境组成的复杂系统内没有全局性,也就是说没有一只"看不见的手"可以事先为这个复杂系统做出明确的规划。最后,这个复杂系统是由一些部分组成的,这些部分相互作用(而不是简单相加)构成企业战略的整体。

理解企业这个复杂系统,需要系统性和动态性的方法。关于这一点,我们从下一章开始讨论构成企业的基本要素。在此之前,用四个"做"总结一下企业和人生的不同阶段,应该如何应对复杂。

应对复杂"四做"

企业四阶段	人生四阶段	应对复杂"四做"
创业阶段	童年	复杂的事情简单做
成长阶段	青年	简单的事情重复做
扩张阶段	中年	重复的事情认真做
转型/衰退阶段	老年	认真的事情创新做

要素

02
第 2 章

就像基因之于生命一样，

战略四要素支撑着企业的基本构造。

从战略四要素出发，

一层一层展开，

是理解共演战略的

第一性原理

第一性原理

第一性原理

在创业者和企业家的圈子里,"第一性原理"很火。

两千多年前,亚里士多德对于第一性原理是这样表述的:"在每一系统性的探索中,都存在第一性原理,是那些最基本的命题或假设,不能被省略或删除,也不能被违反。"

第一性原理之所以再次火起来,主要是因为特斯拉的创始人埃隆·马斯克宣称说,他喜欢用第一性原理来思考问题。当他遇到难题时,通常用第一性原理的思考方式,也就是说一层层剥开事物的表象,看到里面的本质,然后再从本质一层层往上走。

马斯克说了两层意思,一是拨开表象看到本质,二是从本质出发解决问题。现实中,很多人宣称找到了自己的第一性原理,但并不能用第一性原理解决问题,或者说并不能"从本质一层层往上走"。

第一性原理之所以重要,是因为世界充满着不确定性和不连续性。因为任何事物都有一个唯一的、确定性的起源,所以,如果能找到这个起源,就拥有了确定性的基础。从这个起源出发,一步步地"往上走",就有了克服不确定性和不连续性的可能。

企业的第一性原理

思考企业的第一性原理,就是思考企业的本质。

如果你去问企业家,管理中最本质的问题是什么?得到的答案往往有关管理的对象和管理的边界。管理的对象就是"人和事",管理的边界就是"内和外"。

类似地,经济学家告诉你,企业理论的创始人罗纳德·科斯认为,企业本质上是一种资源配置的机制,配置的对象是"人和事",配置的范围构成企业的"内和外"。

管理学家会告诉你,战略管理有十大流派。如果你仔细看,会注意到其中五个流派是关于人的,另外五个流派是关于事的。而且,从20世纪50年代创立开始,战略管理理论的发展经历了从关注企业内部,到关注企业外部,再到关注企业内部,最近又回到企业外部的过程。

问了一圈,你会得出一个结论:企业的本质是关于"人和事"以及"内和外"的。恭喜你!你认识了企业第一性原理:

企业 = 人 × 事 × 内 × 外

十大战略管理流派

学派名称	关注点
设计学派	事
计划学派	
定位学派	
结构学派	
环境学派	
企业家学派	人
认知学派	
学习学派	
权力学派	
文化学派	

战略管理对企业内部和外部的关注点

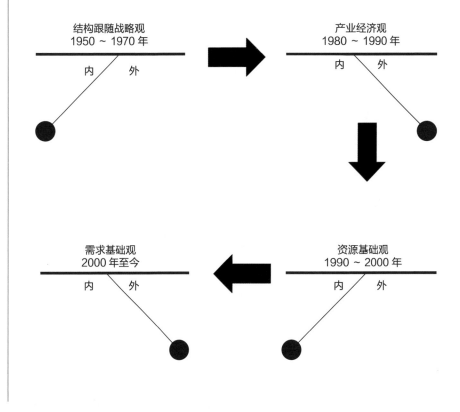

企业第一性原理
企业＝人 × 事 × 内 × 外

根据企业的第一性原理："企业＝人 × 事 × 内 × 外",可以得到企业战略的基本结构图:共演战略四要素模型(见右图)。

这个图非常简洁,"人和事"以及"内和外"是两个维度,两个维度构成四个象限:外部的人、内部的人、内部的事和外部的事。接下来,就是找到能够分别代表"外部的人、内部的人、内部的事和外部的事"的要素。

对于企业来说,最重要的"外部的人"是用户,最重要的"内部的人"是组织,最重要的"内部的事"是产品,最重要的"外部的事"是市场。用户、组织、产品和市场,就是共演战略四要素。

共演战略四要素看似简单,但非常重要。世界是复杂的,但是,每一个复杂的系统,都遵循简单的规则。

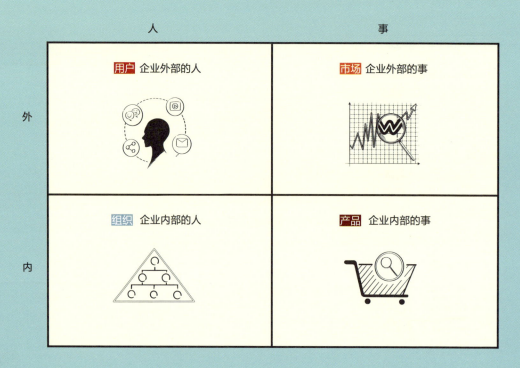

爱因斯坦发现的质能公式 $E=mc^2$（这里的 E 代表能量，m 代表质量，c 代表真空中的光速）之所以伟大，就是因为它用极其简洁的方式，表达了质量和能量的关系。

以简御繁是重要的战略原则。就用户要素来说，应该"把复杂留给自己，让用户体验简单"。就组织要素来说，需要"用简单组织规则，应对复杂管理情况"。就产品要素来说，要能够"复杂的产品简单做，简单的产品重复做，重复的产品认真做，认真的产品创新做"。就市场要素来说，需要"取大势，明简道，应对复杂市场环境"。

$E=mc^2$

四要素的复杂和简单

六个关键战略问题

记叙文的"5W1H"

小时候,你一定学过怎么写记叙文,老师会告诉你,记叙文有六要素:时间、地点、人物、起因、经过、结果。这六个要素合在一起叫做"5W1H",时间是"When"、地点是"Where"、人物是"Who"、起因是"Why"、经过是"How"、结果是"What"。

共演战略的"5W1H"

企业战略,本质上是记叙企业的过去和现在,并描述企业的未来。所以说,也要从"5W1H"的角度思考企业战略中的关键问题。

Why ●

企业为什么存在?彼得·德鲁克说,"企业的唯一目的就是创造顾客"。任正非说,"客户是我们生存的唯一理由"。所以,"企业为什么存在"这个问题的答案是"用户"。

Who ●

企业由谁组成?企业自然是由企业家(创业者)、团队、员工组成的,但关键是能不能以适当的方式把适当的人组织起来。所以,"企业由谁组成"这个问题的答案是"组织"。

What ●

企业提供什么?产品或服务是企业实现创造用户价值目标和获取所创造的部分价值的手段和载体。所以,"企业提供什么"这个问题的答案是"产品"。

Why ●

企业的环境如何?市场环境是影响企业发展的重要因素,企业发展史往往是一部从市场环境中发现机会和适应市场环境变化的历史。所以,"企业的环境如何"这个问题的答案是"市场"。

When ●

战略要素何时发生变化?企业生命周期包括四个阶段:创业期、成长期、扩张期和衰退/转型期。所以,"战略要素何时发生变化"这个问题的答案是"四阶段"。

How ●

战略要素怎么发生变化?四要素在四阶段的变化方式就是对How的回答。"战略要素怎么发生变化"这个问题的答案是"四路径",具体包括用户战略路径、组织战略路径、产品战略路径和市场战略路径。

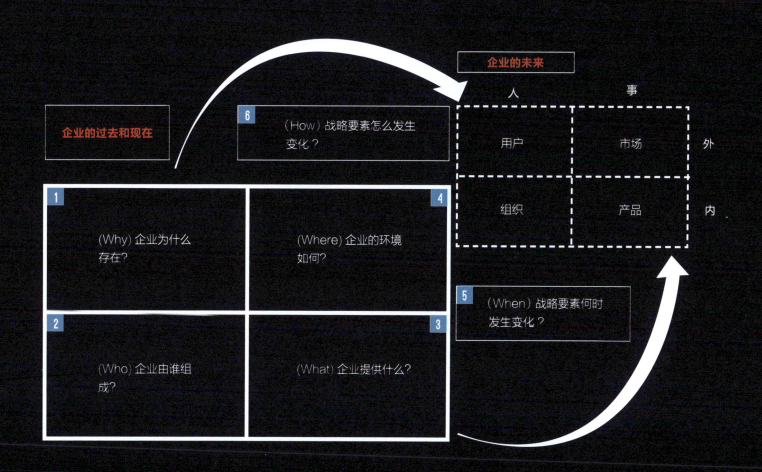

六个关键战略问题
分析工具

使用方法

在如下六个问题（Q1 Why、Q2 Who、Q3 What、Q4 Where、Q5 When、Q6 How）右边的空白处，简要回答六个关键战略问题：

| Q1 | Why（企业为什么存在）？ |

| Q2 | Who（企业由谁组成）？ |

| Q3 | What（企业提供什么产品）？ |

| Q4 | Where（企业的市场环境如何）？ |

| Q5 | When（企业战略四要素何时发生重要变化）？ |

| Q6 | How（企业战略四要素如何发生重要变化）？ |

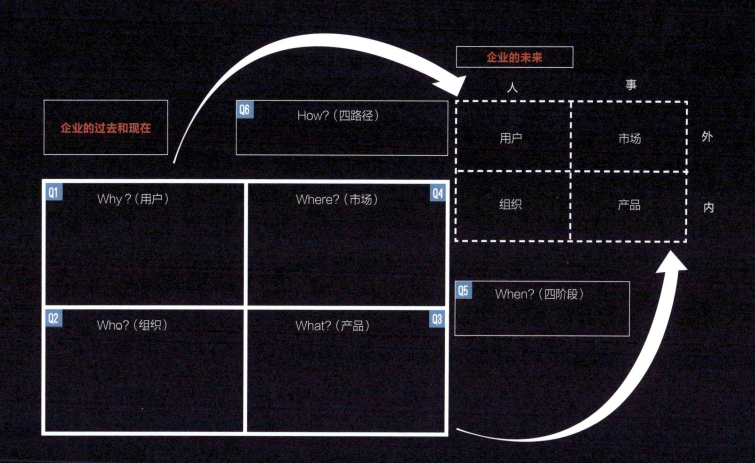

六个关键战略问题
分析工具

应用举例 ——

右图分析了腾讯发展过程中的六个关键战略问题。从分析中,可以简要了解腾讯发展过程中用户、组织、产品、市场的基本特征,何时发生了变化,以及如何发生的变化。

Why(用户)	腾讯从"打造一站式在线生活方式"到"连接一切"。
Who(组织)	从"腾讯五虎将"到职业经理人团队。
What(产品)	从模仿到创新,从 OICQ 到 QQ 再到微信。
Where(市场)	腾讯从互联网到移动互联网,从封闭到开放,从国内到全球。
When(四阶段)	腾讯的发展有四个关键时点,包括 1998 年创业、2001 年获得重要投资、2004 年在香港上市、2011 年建立开放生态并开发出微信。
How(四路径)	腾讯在用户、组织、产品、市场等方面保持了持续创新。

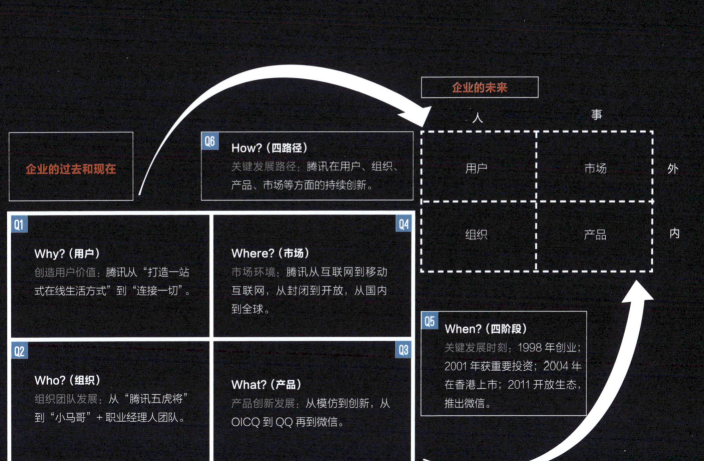

黄金圈法则

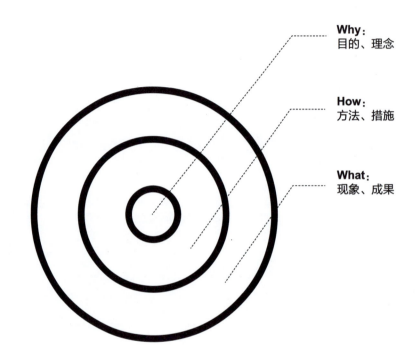

传统黄金圈法则

在做一件事情之前,先问问为什么做这件事儿。

黄金圈法则认为,人人都知道自己是"做什么"的;只有一部分人知道自己是"怎么做"的;但仅有极少数人知道自己"为什么"要做这件事。

然而,只有那些明白"为什么"要做这件事的人,才是真正的领导者。

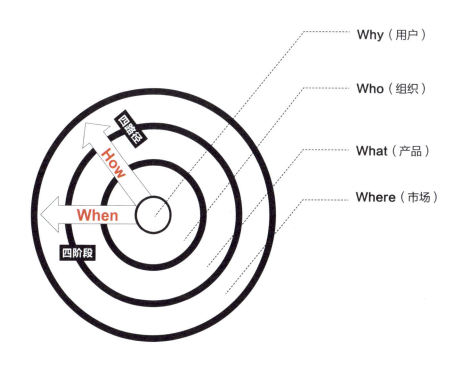

共演战略黄金圈法则

第一个要素，Why：企业必须从为用户创造价值出发。
第二个要素，Who：企业必须由合适的创业者创办并由称职的企业家管理。
第三个要素，What：企业必须有过硬的产品。
第四个要素，Where：企业必须在适当的市场环境中才能持续发展。
第五个要素，When：企业必须警觉何时需要准备进入下一个发展阶段。
第六个要素，How：企业必须在通往新的发展阶段的道路上克服不连续性。

用户：企业存在之因

用户

整体上，可以从用户特征、用户需求和用户选择等三个方面理解用户。

用户特征关心的是用户是谁，有何特点？

用户需求关心的是用户为什么愿意为产品埋单？

用户选择关心的是用户选择和使用产品或服务的过程是什么样子？

1 用户特征

可以进一步从生理特征、心理特征和社会特征等三个方面理解用户特征。

生理特征包括年龄、性别、身高等。

心理特征包括气质、能力、性格等。

社会特征包括工作、收入、行为、价值观等。

2 用户需求

可以进一步从需求深度、需求广度和需求频度等三方面来理解用户需求。

需求深度是指可以挖掘的用户需求潜力。

需求广度是用户需求所可能涉及的范围。

需求频度是单位时间内需求发生的次数。

3 用户选择

可以进一步从选择意愿、选择过程和选择障碍等三方面来理解用户选择。

选择意愿说的是，用户愿意选择某产品或服务并愿意为之支付企业要求的价格。

选择过程说的是，用户的选择有哪些流程和步骤。

选择障碍说的是，在流程的各个环节有哪些障碍可能妨碍用户的选择。

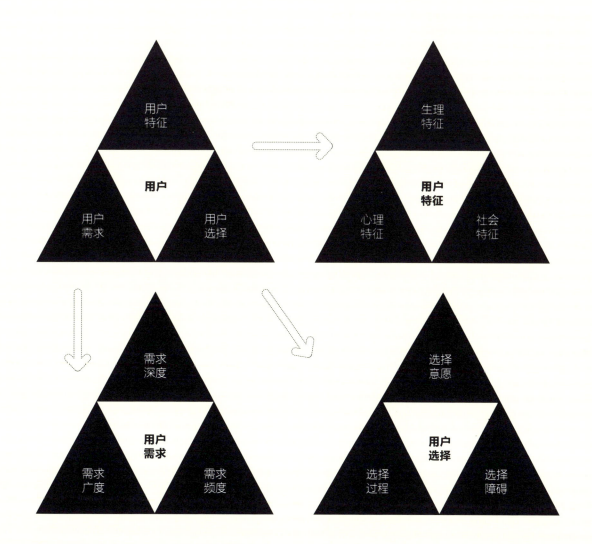

案例：海盗指标的应用

"海盗指标"

可以借鉴一个叫"海盗指标"的用户选择分析模型。"海盗指标"通常包括五个步骤，分别是：用户获取、用户激活、用户留存、用户活跃和用户自传播。

海盗指标从第一步到第五步，随着步骤的推进，剩余的用户逐渐越少，所以，海盗指标从本质上看是一个"用户漏斗"，反映着有不同选择意愿的用户，在经历选择过程和克服选择障碍后，剩下来的用户数。

海盗指标也反映了随着企业的发展，对用户运营的不断深入过程。

举例：得到 App

从得到 App 上线到 2018 年年中，一共有过五个版本的开屏宣传语。第一个是"多学习，少废话"；第二个是"好好学习，天天想上"；第三个是"向终身学习者致敬"；第四个是"和你一起终身学习"；第五个是"一起建设一所终身大学"。这五个版本宣传语有一个演化的过程。

① "多学习，少废话"非常直白，甚至有些简单粗暴，强调不是"多学习"，而是"少废话"，先下载安装得到 App，用起来再说，追求的是用户获取。

② "好好学习，天天想上"强调的是"天天"，说的是你每天都应该来得到学习，追求的是用户激活和使用频率。

③ "向终身学习者致敬"是得到 001 号知识发布会上提出的口号，强调的是"终身学习"，说的是你应该长期坚持来得到学习，追求的是用户留存率。

④ "和你一起终身学习"强调的是"一起"，说的是你在得到上会有很多小伙伴一起学习，和你一起慢慢变老，追求的是用户活跃度。

⑤ "一起建设一所终身大学"，强调的是"大学"，说的是你在得到能够学到大学里有的知识，追求的是得到在用户中的识别度，希望获得用户自传播的效应。

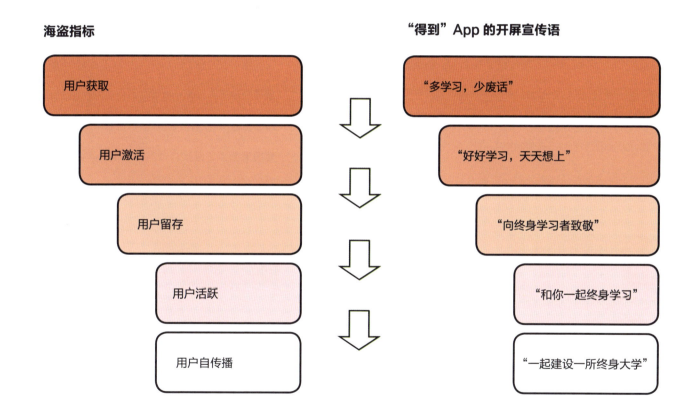

组织：企业能力之源

组织

企业要完成为用户创造价值的使命，就必须用适当的方式把适当的人组织起来。

领导者重点是组织的领导人是谁，有何特点？

团队员工重点是团队和员工是谁，有何特点？

组织管理重点是如何把组织里的人高效地组织起来？

1 领导者

企业领导者的格局和视野决定着企业发展的成败。

领导经验说的是领导者是否有相关的管理企业的经验。

领导资源说的是领导者能够给企业带来什么资源。

领导潜力说的是领导者是否有学习能力和成为更好领导者的潜力。

2 团队员工

团队和领导者之间配合的最佳状态是技能上互补，价值观合得来。企业还得有员工做基础的工作。

团队规模是团队和员工有多少人。

团队素质是团队和员工的素质如何。

团队成长是团队和员工的成长潜力怎么样。

3 组织管理

"你不理才，才不理你"。理才，可以从组织结构、组织制度和组织文化等方面入手。

组织结构是组织的骨架，决定着组织的规模潜力。

组织制度是组织的肌肉，决定着组织的成长能力。

组织文化是组织的血液，决定着组织的健康程度。

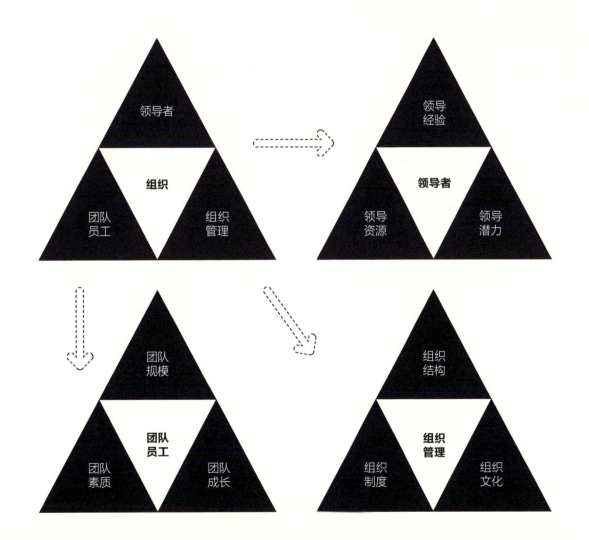

案例：阿里巴巴的组织

领导者

一位领导者，既要关注过去，也要关注现在，更要关注未来。

关注过去，马云曾说过："在过去18年当中阿里巴巴至少18次重生，我每天都睡不好，我每天晚上都在担忧我的公司没有跑得够快就会被别人所淘汰，就在竞争当中掉队了。"

关注现在，马云曾说过，每个月挣一两百万的人很开心，他自己每个月挣一二十亿，很难受。因为责任大啊！

关注未来，马云曾说过："这是一个摧毁你，却与你无关的时代；这是一个跨界打劫你，你却无力反击的时代；这是一个你醒来太慢，干脆就不用醒来的时代；这是一个不是对手比你强，而是你根本连对手是谁都不知道的时代。在这个大跨界的时代，告诫你唯有不断学习，才能立于不败之地！"

团队员工

阿里巴巴的组织发展有几个关键节点。

①成立初的十八罗汉。后来，其中有七个进入了阿里巴巴的持股合伙人团队。

②2003年非典时期。阿里巴巴分出了一个七人小团队开发淘宝网，后来进入快速发展期。

③2007年11月，港交所上市以后，迅速成长为一个2万人以上的巨型公司。

④2012年从港交所退市实现私有化之后，企业规模又进入了一段缓慢增长期，期间进行了多次架构调整和机构变革。

⑤最近几年，通过一系列的并购投资，以及在纽交所上市，打造了一个涵盖电商、物流、云计算、金融的庞大生态，组织又进入了一个快速增长阶段。

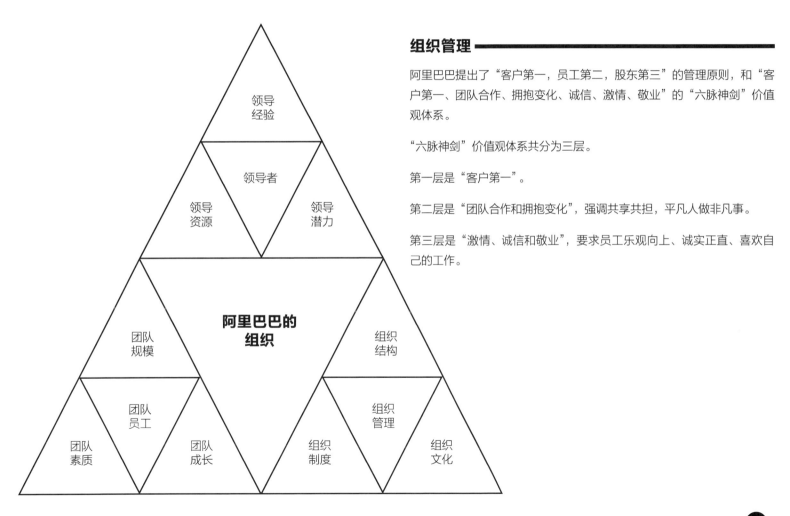

组织管理

阿里巴巴提出了"客户第一,员工第二,股东第三"的管理原则,和"客户第一、团队合作、拥抱变化、诚信、激情、敬业"的"六脉神剑"价值观体系。

"六脉神剑"价值观体系共分为三层。

第一层是"客户第一"。

第二层是"团队合作和拥抱变化",强调共享共担,平凡人做非凡事。

第三层是"激情、诚信和敬业",要求员工乐观向上、诚实正直、喜欢自己的工作。

产品：企业价值之基

产品

产品要素回答的战略问题是：企业提供什么东西，以及如何提供？可以从产品开发、营销推广和商业模式三个方面分析。

产品开发是如何把产品做出来。

营销推广是如何把产品卖出去。

商业模式是如何把钱收回来。

1 产品开发

可以从产品创新、流程创新和创新商品化三个角度理解产品开发。

产品创新关注的是产品功能方面的创新。

流程创新关注的是产品生产流程方面的创新。

创新商品化关心的是产品交付方面的创新。

2 营销推广

营销学里有一个著名的 4P 理论，说的是营销的四个基础概念：产品、价格、渠道、促销。产品在产品开发里讨论了，剩下三个 P。

营销定位有关产品价格，用价格定位占领用户的心智。

营销渠道有关产品渠道。

营销力度有关产品促销。

3 商业模式

商业模式反映的是企业和内外部各种利益相关者之间的交易关系。

业务模式有关企业的价值创造过程，是商品流。

盈利模式有关企业的价值获取过程，是价值流。

现金流模式有关企业的价值传递过程，是现金流。

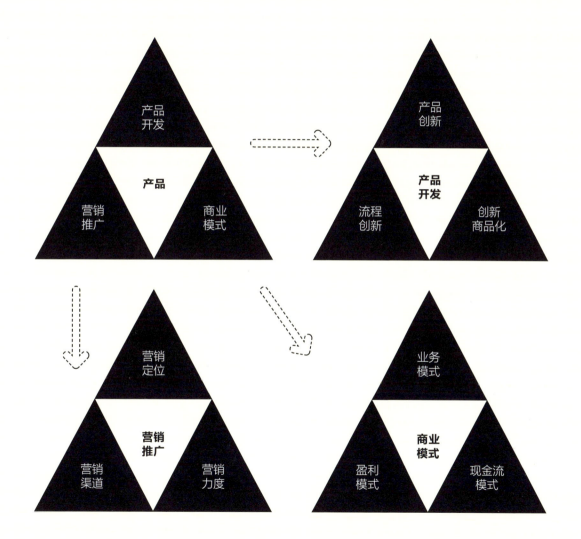

案例：产品开发方式

瀑布式产品开发

传统的瀑布式产品开发模式，严格遵循预先计划的需求分析、产品设计、开发实施、产品验证、产品维护等步骤展开。

瀑布式产品开发假定用户面临的问题和产品的特征都是已知的。但是，严格的流程也会导致自由度降低，在产品开发的后期，很难针对需求变化调整，产品开发失败的代价高昂。

敏捷式产品开发

和瀑布式产品开发不同，敏捷式产品开发强调先开发产品的基础功能，在不断完善基础功能的过程中，增添附加功能。这个过程叫快速迭代，说的是根据使用情况和用户反馈快速更新。

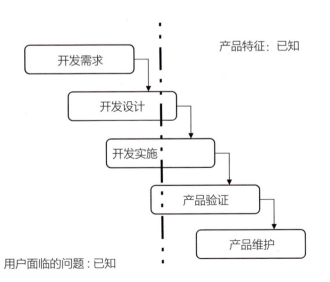

产品特征：已知

用户面临的问题：已知

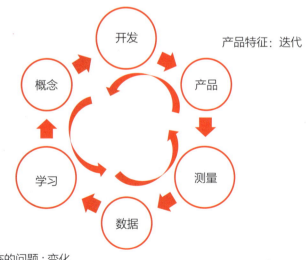

产品特征：迭代

用户面临的问题：变化

敏捷开发方式，是在给定资源和时间的前提下，开发最小功能产品，并在产品迭代中不断学习和改进产品。

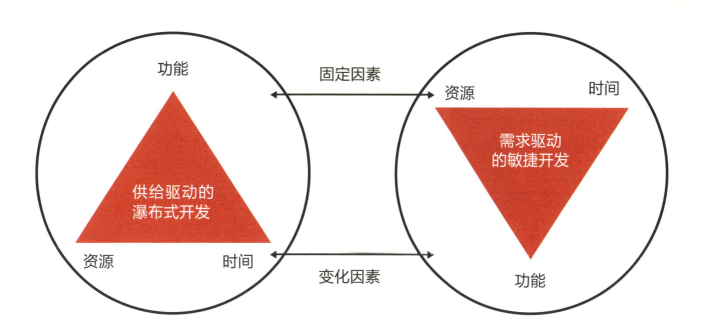

瀑布式开发方式，是在确定产品功能的前提下，变动投入的资源和时间，以达到产品功能为目标。

市场：企业未来之路

市场

市场要素回答的战略问题是：企业的环境怎么样？是否有利于企业的发展？可以从技术趋势、资本资源和市场竞合三个方面分析。

技术趋势说的是企业要符合市场大势。

资本资源说的是企业要持续从市场获取资本和资源。

市场竞合说的是企业要处理好和相关方的竞争合作关系。

1 技术趋势

大多数技术的产生和发展都遵循一条 S 形的成熟度曲线。

技术突破性： 萌芽期的技术突破性最强，随着技术的成长和成熟，技术的突破性不断下降。

技术稳定性： 技术从萌芽期开始，稳定性逐渐上升，到了技术成熟期就完全稳定下来了。

技术经济性： 技术的经济性和稳定性是同步发展的，稳定性高的技术，经济性才会高。

2 资本资源

企业战略需要关注资本和资源的动态变化以及企业与外部资本和资源的互动关系。

资金资本仍然是企业生存和发展依赖的重要资源形式。

有形资源传统的有形资源（土地、厂房、机器）依然至关重要。

无形资源知识产权、商誉等无形资源价值越来越大。

3 市场竞合

企业需要同时考虑竞争者和互补者，需要具有竞合思维。

市场竞争主要考虑与直接和间接竞争者的关系。

市场合作主要考虑与直接和间接合作者的关系。

市场生态是从价值网角度出发，全面考虑用户、供应商、竞争者、互补者之间的竞争合作关系。

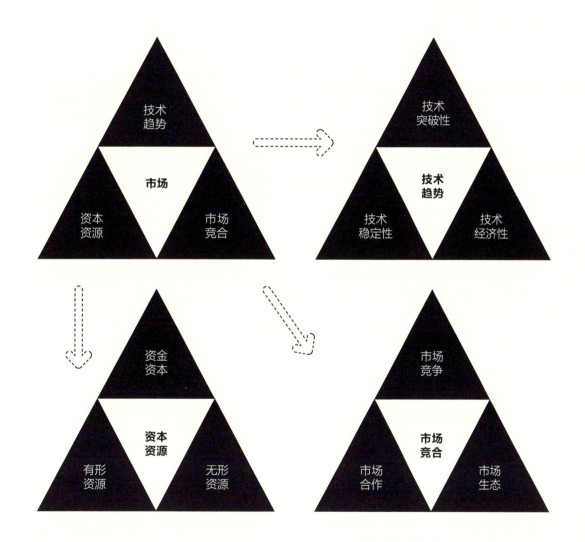

案例：市场中的价值网

价值网

近年来，平台型商业模式得到广泛应用，在互联网领域尤其如此。平台型商业模式的一个重要特征在于考虑互补者的作用，从价值网角度设计商业模式。

价值网包括除企业之外的供应商、用户、竞争者和互补者。企业从供应商处获得原材料，生产加工后提供给用户，企业除了面临竞争者的竞争，还需要充分考虑互补者的作用。在平台型商业模式中互补者在平台上提供产品或服务，供用户选择。互补者越多且提供的产品质量越高，则企业平台对用户的吸引力越大。

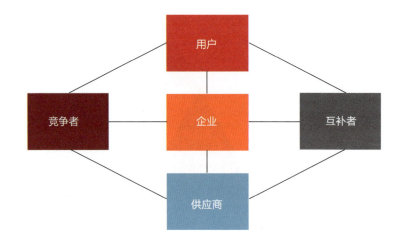

微软和英特尔的价值网

在商业史上，微软和英特尔的竞合关系非常经典。

英特尔提供计算机所必需的中央处理器，微软提供计算机上运行的操作系统和主要应用软件。人们购买计算机的目的是使用操作系统和应用软件来完成工作或娱乐，而中央处理器是高效完成这些工作的保障。因此，微软和英特尔的产品就形成了典型的互补关系。

由于摩尔定律的推动，英特尔需要不断推出更快速的中央处理器以应对竞争对手 AMD 的挑战。于是，英特尔希望微软保持同步的开发速度，不断推出需要更快中央处理器的操作系统和应用软件。正是由于这种互补关系，微软的软件变得越来越复杂。

价值网变革的挑战

当移动互联网时代到来时，微软和英特尔都不能适应移动互联网对便捷性的要求，其根本原因是两家企业被他们所在的价值网束缚住了。

双方都要求对方沿着原来的价值曲线发展，提供更快速的中央处理器或更庞大的软件。而他们的竞争对手，如 ARM 和基于安卓或苹果系统的 App，则在移动互联网的价值网络内彻底打败了以微软和英特尔为代表的传统软硬件开发商。

共演战略基础画布

为何是 4×3？

为了让共演战略十二要点框架变成实用的工具，我设计了共演战略画布，把共演战略十二要点放在一张纸上。

共演战略画布的结构是 4×3，也就是 4 列乘以 3 行。之所以是 4 列，是因为共演战略有 4 个基本战略要素。之所以是 3 行，是因为每一个战略要素中有 3 个战略要点。

4×3 是一个非常常见的比例。大多数笔记本屏幕，你眼前的这本书和 A4 纸，都是 4×3 的比例。共演战略画布为你提供了一个非常便捷、非常低成本的分析工具。你可以把这个画布印在纸上，在上面写下你的观察和思考，而不用担心写错，可以随意涂改，让你的思想自由流淌。

共演战略画布的几个特点

① 可以把企业战略的 12 个方面要点放在一张纸上，便于提炼企业战略的精华。

② 可以通过不同版本画布的迭代形成逐渐完善的企业战略。

③ 可以运用共演战略四阶段的画布分析企业未来发展不同阶段的战略方向。

④ 可以运用共演战略画布分析各要素要点之间的协调关系，做到协同作战。

共演战略画布的使用方法

① 在短时间内完成画布。先写下你脑子里跳出来的第一个思路，不用怕写错，不用担心不严谨。画布只是帮助你思考的工具。

② 尽量用简洁的表达方式。画布的目的是为了帮助你思考，而不是为了书写的美观和逻辑的严谨。用尽量少的字表达。一个窍门是把字写大一点。

③ 完成画布后，放一放。然后，再回头思考。

④ 把画布当作团队"同频"的工具。每一位小伙伴独立完成一组画布，然后，几位小伙伴一起讨论。最好使用比较大的纸或者白板，配合便利贴（把要点写在便利贴上），然后，粘在画布上。

共演战略画布和精益创业画布的差异

① 精益创业画布只涵盖了精益创业阶段。而共演战略画布除了有基本画布外，在创业、成长、扩张、转型等四个阶段都有相应的画布。能够帮助你在企业发展的不同阶段保持思维的系统性和动态性。

② 精益创业画布的组成部分没有特别清晰的逻辑。而共演战略画布来自于企业的两个基本维度：人和事、内和外。知道一个事物从哪里来很重要，因为只有这样，你才可能知道它往哪里去。正因如此，人类才对宇宙的起源感兴趣。

共演战略基础画布（12 个战略要点）

用户特征	领导者	产品开发	技术趋势
用户需求	团队员工	营销推广	资本资源
用户选择	组织管理	商业模式	市场竞合

共演战略基础画布（36个战略细节）

用户特征	领导者	产品开发	技术趋势
①生理特征	①领导经验	①产品创新	①技术突破性
②心理特征	②领导资源	②流程创新	②技术稳定性
③社会特征	③领导潜力	③创新商品化	③技术经济性

用户需求	团队员工	营销推广	资本资源
①需求深度	①团队规模	①营销定位	①资金资本
②需求广度	②团队素质	②营销渠道	②有形资源
③需求频度	③团队成长	③营销力度	③无形资源

用户选择	组织管理	商业模式	市场竞合
①选择意愿	①组织结构	①业务模式	①市场竞争
②选择过程	②组织制度	②盈利模式	②市场合作
③选择障碍	③组织文化	③现金流模式	③市场生态

阶段

03 第3章

就像所有生命体一样,

企业也有生命周期。

从创业,到成长,到扩张,到衰退/转型,

共演战略,

重新定义企业生命周期

四大要素的生命周期

用户要素的生命周期

用户接受新产品顺序的分布图

用户接受新产品顺序的分布图反映了在市场达到饱和之前,不同类型用户进入市场的顺序和需求发展的阶段。从用户进入市场的先后顺序看,可分为创新者、早期采用者、早期大众、晚期大众和落后者等五类。

其中,创新者和早期采用者在需求发展的萌芽期就进入市场,早期大众在需求发展的成长期进入市场,而晚期大众和落后者在需求发展成熟期才进入市场。等到用户中的落后者全部进入市场,市场需求就达到了饱和。

不同类型用户的特征决定了他们进入市场的先后顺序和比例。

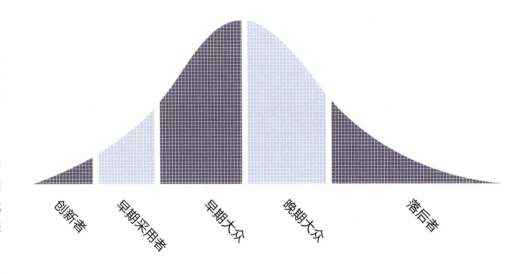

创新者

创新者，就像第一个吃螃蟹的人，一般都是技术迷、发烧友，他们从第一批体验新产品的经验中获得乐趣，即使此时产品并不完善并且价格高昂，他们也愿意尝试。创新者大致上占全部用户的 2%。

早期采用者

早期采用者是第二批进入市场的用户，他们一般是时尚的追随者，或是看到了产品未来的重要应用价值。对技术或产品的前瞻性追求促使创新者和早期采用者在需求发展的萌芽期即进入市场。早期采用者大致上占全部用户的 13%。

早期大众

早期大众代表着大众市场上引领潮流的人群，他们的加入标志着需求迅速成长阶段的开始。早期大众对新技术和产品抱有好奇的态度，但他们也是实用主义者，会评估使用新技术和新产品的收益和成本，并且只有在产品能够为他们带来超出成本的收益时才会考虑使用。早期大众可能达到市场饱和时所有用户的 35%。

晚期大众

在早期大众证明了新产品可以满足他们的需求之后，晚期大众才会加入市场。这些用户获得信息的渠道通常比较传统，获得信息的时间比较晚，对新事物的接受程度比较低。晚期大众也可能达到市场饱和时所有用户的 35%。

落后者

落后者是最后进入市场的用户群体，大致上占用户总量的 15%。他们通常比较保守，不喜欢新鲜事物。这些用户通常只是在不得不接受产品的情况下才会接受产品。

用户价值双 S 曲线

用户价值曲线和用户价值创新曲线

从用户价值的角度，沿着企业生命周期的创业、成长、扩张、衰退等阶段，把用户价值的变化画出来，就形成了图中的"用户价值曲线"（A 曲线）。创业阶段，用户价值实现；成长阶段，用户价值成长；扩张阶段，用户价值稳定；衰退阶段，用户价值衰退。

在原有用户价值曲线的基础上，企业总是在不断创新。通常，在扩张阶段，甚至早在成长阶段，企业就开始创新用户价值了，所形成的曲线称为"用户价值创新曲线"（B 曲线）。

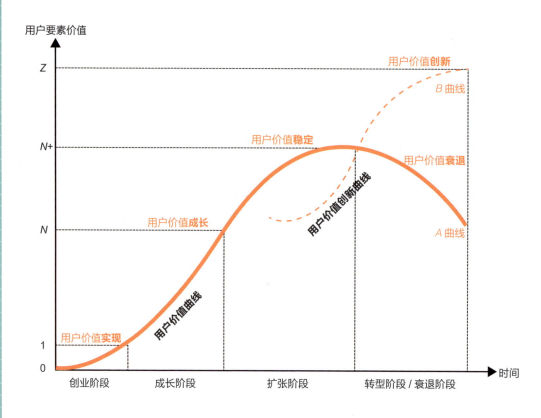

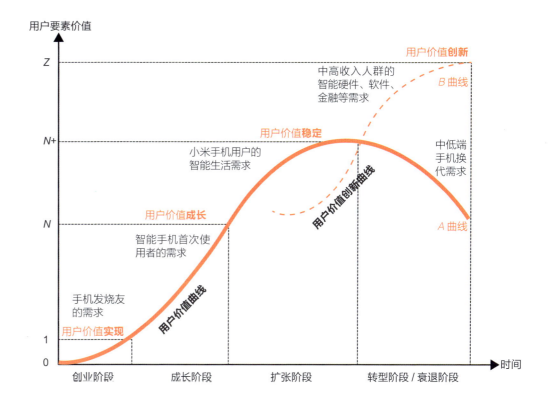

用户价值曲线和用户价值创新曲线
（小米案例）

在创业阶段，小米针对手机技术发烧友的需求，开发了能更好满足发烧友个性化需求的 MIUI 系统。

在成长阶段，小米针对智能手机首次使用者对性价比高度敏感的特征，满足他们对手机外观、特殊性能和心理方面的需求，实现了用户数量的快速增长和用户价值成长。

在扩张阶段，小米关注已有手机用户的智能生活需求，初步形成了小米智能生活生态链。

2015～2016 年间，小米手机出货量出现严重下滑。如果仍然延续定位于年轻用户对中低端手机的需求，小米将难以避免地进入衰退。

小米在 2015～2016 年间开始针对更大范围的用户开发小米 Note 和小米 Mix 等产品，用户群定位从原来的 17～35 岁扩展到了 17～45 岁。同时，开始从以硬件为主，向创造综合用户价值转变。

用户价值双 S 曲线
工具

使用方法 ——

1. **本企业分析**：在右图的空白处，写下贵企业自己在创业、成长、扩张、转型/衰退等阶段用户价值创造和创新的特点。

2. **友商分析**：在右图的空白处，写下贵企业友商在创业、成长、扩张、转型/衰退等阶段用户价值创造和创新的特点。

3. **对比分析**：简要对比分析贵企业和友商在创业、成长、扩张、转型/衰退等阶段用户价值创造和创新特点的异同。

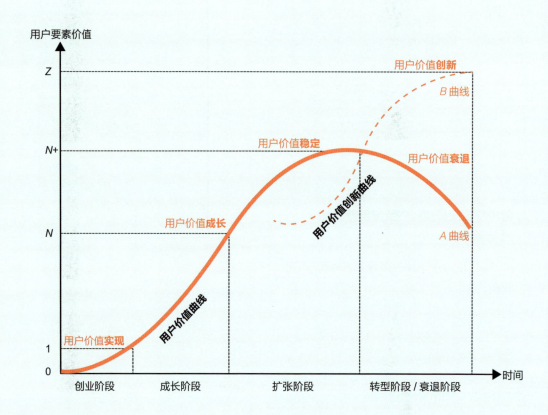

组织要素的生命周期

不同阶段组织的特点和核心命题

在**创业期**，由于业务规模非常小，企业的组织发展主要围绕以创业者为核心的创业团队展开，随着业务规模的扩大，会增加或调整相应的组织功能。

在**成长期**，企业的核心业务基本确定并得到快速发展。但是，如果企业的组织能力跟不上业务的发展和组织规模的扩大，就会给企业的持续发展埋下隐患。

在**成熟期**，业务发展速度相对稳定。这时候，相对稳定的业务决定了企业组织结构的稳定性，提升组织效率成为平稳发展期组织建设的核心命题。

如果企业不能突破组织惯性的束缚，那么企业将在组织方面进入**衰退期**。在一段时间内，虽然企业的业务还可能在持续发展，但已失去必要的组织活力。

在**转型期**，经历平稳发展或者面临衰退挑战的企业需要突破组织惯性的束缚，包括创始人、高管和员工在内的人员都需要转变思维方式，推动组织变革。

组织发展阶段	组织发展特点	组织发展核心
创业期	以创业者为首的团队，根据业务需要组织功能逐渐补充或分化。	创业者和创业合伙人比什么都重要，核心是找到合适的人。
成长期	组织能力随业务的快速发展而发展，容易出现组织滞后于业务的现象。	组织快速跟进业务发展是关键，基于当前和未来的业务需要搭建管理体系。
成熟期	业务的相对稳定决定组织格局相对稳定，提升组织效率的重要性凸显。	在相对稳定的组织格局下，完善和提升组织效率是核心。
衰退期	组织僵化，思维和行为上的惯性已积重难返。	重新评估组织的资源和能力，处理历史问题，寻找新的机遇。
转型期	组织基于过往业务逻辑形成路径依赖，出现大企业病，对市场的反应缓慢。	思维转变是关键，思维转变推动组织变革，驱动企业实现新的突破。

组织职能生命周期

1974 年发表于《长远规划》(*Long Range Planning*)的一篇文章中,作者巴里·詹姆斯(Barrie G. James)就提出了在创业、成长、成熟、衰退/转型等阶段间各个管理职能的差异。

创业阶段,研发很重要;成长阶段,生产很重要;成熟阶段,营销很重要;衰退阶段,内控很重要;转型阶段,研发再次变得很重要。

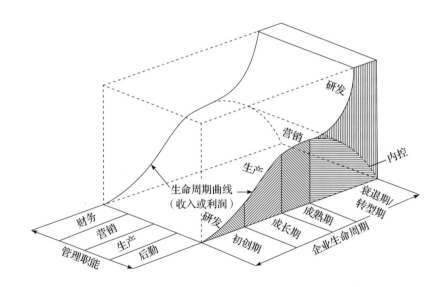

组织价值双 S 曲线

组织价值曲线和组织价值创新曲线

创业阶段，组织结构可以比喻成"箭头"。创始人冲在业务最前线，与创始团队和早期员工一起突破创业的阻碍。

成长阶段，组织结构可以比喻成"金字塔"。企业领导者位于金字塔的顶端，高管团队位于金字塔的中间位置。

扩张阶段，由于业务线在多元化过程中持续增加，组织结构演变为"矩形组织结构"，按照不同的业务线组织事业部。

衰退阶段，随着业务不断扩张，组织官僚化出现并越来越严重。

转型阶段，一些企业能够及早构建新的组织价值曲线，通过组织结构、组织制度和组织文化等多方面的调整，创新组织价值。

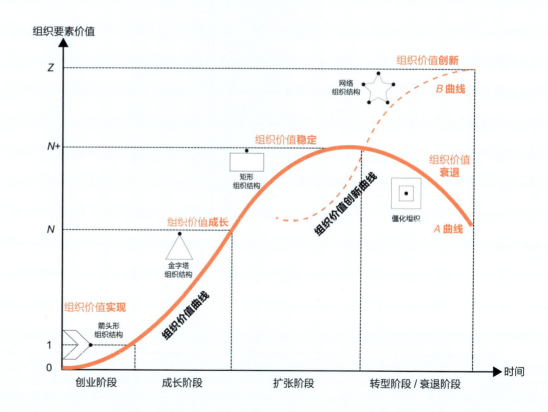

组织价值曲线和组织价值创新曲线
（小米案例）

创业阶段，雷军和几位联合创始人连同 40 多位早期员工一起，采用箭头形组织结构，实行平层管理模式。

成长阶段，小米公司采用创始人、业务负责人、员工的三层组织结构，支撑起小米手机核心业务线的快速成长。

扩张阶段和转型阶段，小米结合了事业部组织结构和网络型组织结构形式。以网络型组织结构存在的主要是小米生态链业务。每一家小米生态链企业都是独立的，和小米公司是兄弟企业关系，以小米公司为核心，形成了"矩阵式孵化"网络结构，产生了"竹林效应"。

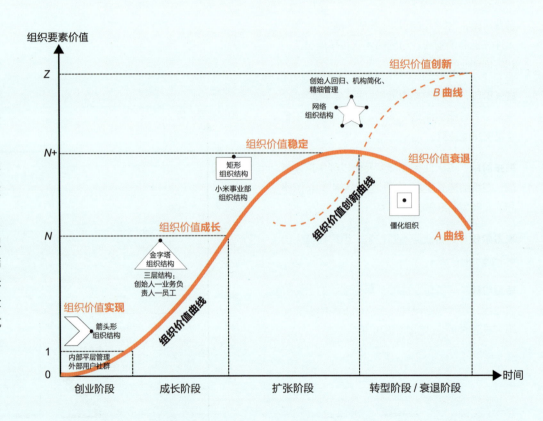

组织价值双 S 曲线
工具

使用方法

1. 本企业分析：在右图的空白处，写下贵企业自己在创业、成长、扩张、转型/衰退等阶段组织价值创造和创新的特点。

2. 友商分析：在右图的空白处，写下贵企业友商在创业、成长、扩张、转型/衰退等阶段组织价值创造和创新的特点。

3. 对比分析：简要对比分析贵企业和友商在创业、成长、扩张、转型/衰退等阶段组织价值创造和创新特点的异同。

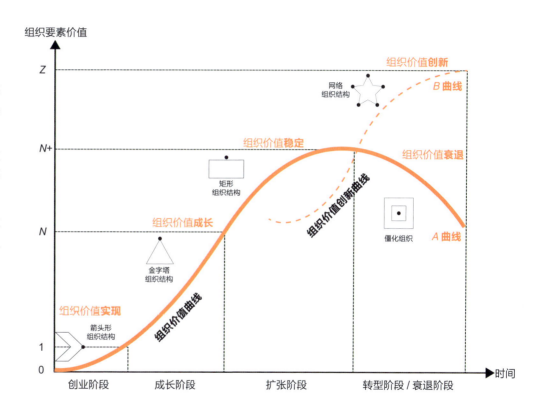

产品要素的生命周期

不同阶段产品要素的特点

在开发、引入期,产品特点是批量小、成本高,关注产品的主要是极少数创新者和少数早期采用者。

在增长期,由于早期大众用户开始接受产品,产品销量上升,成本下降,价格也可能随之下降。

在成熟期,随着晚期大众用户人数增多,市场需求趋于饱和,产品普及并日趋标准化,产品价格下降压力增加。

在衰退期,由于科技发展和用户消费习惯改变等原因,产品不能继续适应市场需求,产品的销售量和保有量持续下降。

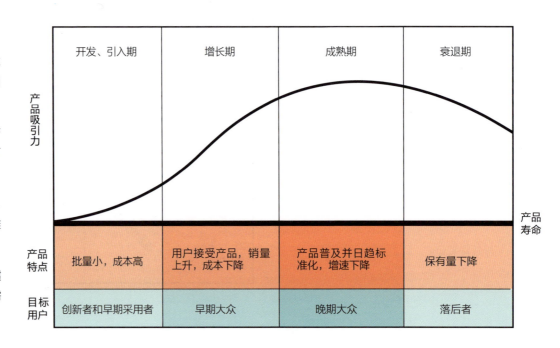

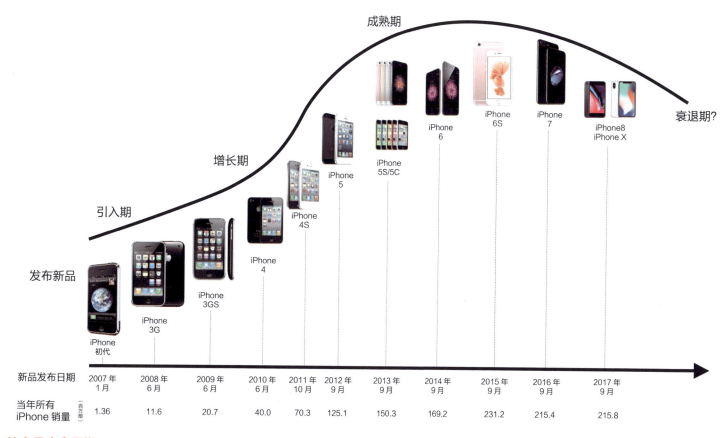

iPhone 的产品生命周期

iPhone 于 2007 年 1 月发布，当年只卖了 136 万部。2007 年可以看作 iPhone 的开发、引入期。

2008 年，iPhone 的销量增长至 1160 万部，增长了 8 倍多。2009～2012 年这四年里，iPhone 的销量每年都以差不多一倍的速度增长。2012 年，iPhone 全年的销量已经达到 1.25 亿台了。2008～2012 年可以看作 iPhone 的增长期。

2013 年，iPhone 的销量只比 2012 年增长了 20%。2014 年的销量增长率下降到了 12%。2015 年 iPhone 的销量达到迄今的历史最高纪录，2.3 亿部。但 2016 年，iPhone 的销量出现历史上第一次下降，下降至 2.154 亿部。2016 年，iPhone 的销量略增至 2.158 亿部。2013 年之后可以看作 iPhone 的成熟期。

iPhone 案例告诉我们：无论多么伟大的产品，都不会违背产品生命周期的规律。

产品价值双 S 曲线

产品价值曲线和产品价值创新曲线

在**创业阶段**，一般都是以少数产品做主打产品，甚至以"单点突破"为口号，找到产品与需求、组织和市场的结合点，实现产品价值。

在**成长阶段**，围绕主打产品，深耕市场和深挖用户需求，力争做到"一厘米宽，一公里深"，实现产品价值成长。

在**扩张阶段**，主打产品需求增长趋缓，这时企业需要做的是稳定主打产品需求，并开始尝试围绕主打产品挖掘相关需求。

在**转型阶段**，企业需要在新的产品价值曲线（B 曲线）上创新产品，并与原产品线结合（A 曲线），避免企业整体的产品价值衰退。

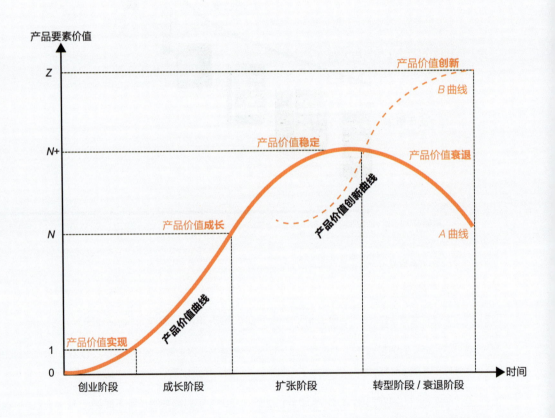

产品价值曲线和产品价值创新曲线（小米案例）

在创业阶段，小米以 MIUI 系统为"爆款产品"，从发烧友用户需求开始切入，打造易用的手机界面。

在成长阶段，小米从软件切入到硬件，以中低端的小米手机为主打产品，在短期内取得销售量的爆炸式增长。

为应对产品生命周期曲线衰退的挑战，小米公司发布红米手机和红米 Note 手机，向低端产品线延伸，随后发布小米 Note、小米 Max 和小米 Mix 手机，向中高端产品线延伸。

2010 年，是小米的产品价值实现期，2011 ~ 2013 年是小米手机的产品价值成长期，2014 ~ 2015 年是小米手机的产品价值稳定期，2016 年之后是小米手机的产品价值创新期。

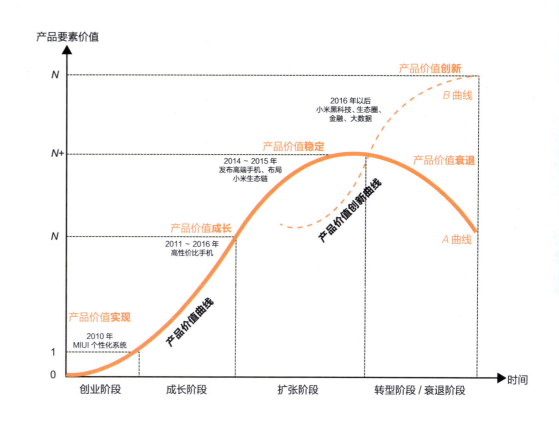

产品价值双 S 曲线
工具

使用方法

1. **本企业分析：** 在右图的空白处，写下贵企业自己在创业、成长、扩张、转型/衰退等阶段产品价值创造和创新的特点。

2. **友商分析：** 在右图的空白处，写下贵企业友商在创业、成长、扩张、转型/衰退等阶段产品价值创造和创新的特点。

3. **对比分析：** 简要对比分析贵企业和友商在创业、成长、扩张、转型/衰退等阶段产品价值创造和创新特点的异同。

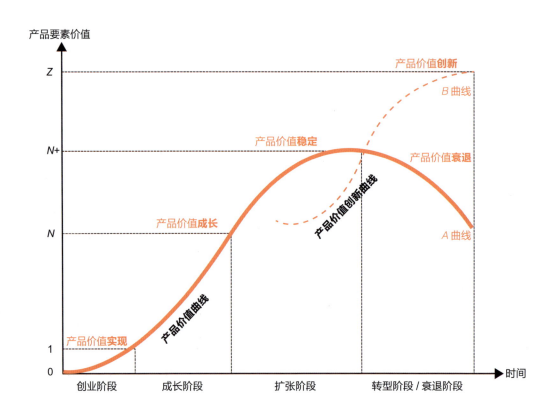

市场要素的生命周期

不同阶段市场要素的特点

在萌芽期，市场上资本资源稀缺，技术刚刚萌芽，竞争与合作程度有限。

在发展期，资本资源看好市场前景，纷纷涌入，技术发展加速，竞争与合作程度增强。

在成熟期，市场吸引的资本资源达到峰值，技术达到成熟状态，部分资本获利退出，竞争加剧，合作减少。

在衰退期，行业的资源利用效率下降，资本开始流向其他行业，技术开始落后，竞争趋缓，企业抱团取暖。

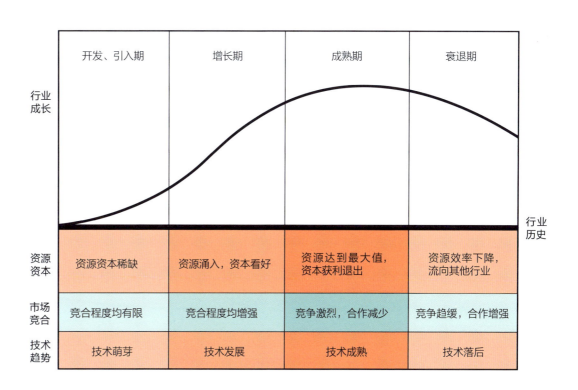

IT 产业生命周期

IT 产业主要分为通信、硬件、软件三大行业。

通信行业产生最早，1876 年，贝尔发明了电话。后来，由于技术专利的到期，有线通信经历了快速发展期。之后，有线通信经历了长达 70 年的成熟期，并在无线通信和互联网的双重冲击下进入衰退期。

硬件和软件行业相伴而生。硬件行业的第一波创新发生在大型机领域。后来，个人计算机（PC）能够满足信息处理的需要，在 20 世纪 90 年代前经历了一段快速发展期，随后，在手持网络设备的冲击下逐渐走入成熟和衰退期。

IT 软件行业最先发展起来的是基于大型机的企业解决方案，随后是基于 PC 的个人电脑软件，最近是基于移动网络设备的 App。

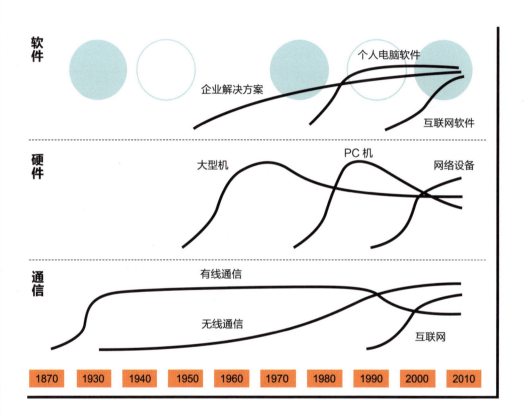

市场价值双 S 曲线

市场价值曲线和市场价值创新曲线

在**创业阶段**，创业者抓住新技术萌芽的趋势，运用自身可得的资源和资本，利用竞争对手忽略的市场空间，实现企业的市场价值。

在**成长阶段**，企业顺应技术发展的趋势，占据市场"风口"位置，获得必要的资源和资本，在市场竞争变得激烈之前，获得发展的先机。

在**扩张阶段**，企业利用成熟稳定的主导设计，凭借通过自身发展积累的资源和资本，在市场竞合中取得战略平衡，使企业价值最大化。

在**转型阶段**，企业往往提前布局，把握新趋势，利用新机会，充分运用资源资本，打造企业的市场价值创新曲线。

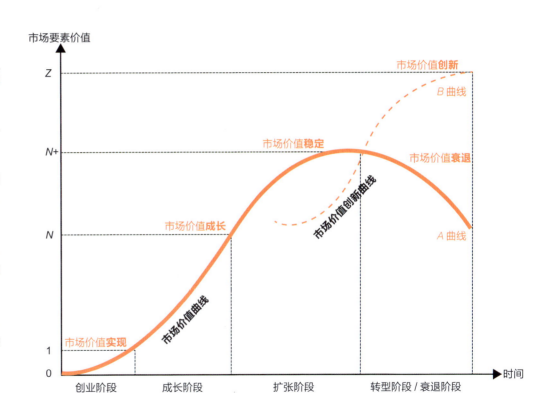

市场价值曲线和市场价值创新曲线（小米案例）

在创业阶段，雷军等联合创始人抓住了安卓智能手机爆发的技术趋势和市场空白，通过自身的资本投入和引进风险投资，撬动产业资源和资本。

随着手机市场竞争愈演愈烈，大量资源和资本投入这个行业，市场上迅速出现了众多竞争对手。小米开始围绕手机等核心产品布局智能家居生态链，在一定程度上形成了和对手的差异化竞争。

2016年，小米提出降速调整的战略。2017年初，小米更是提出了聚焦"新零售、物联网和消费升级"等的核心战略，着力打造小米公司新的市场价值创新曲线。2018年5月，小米公司提交了上市申请书。

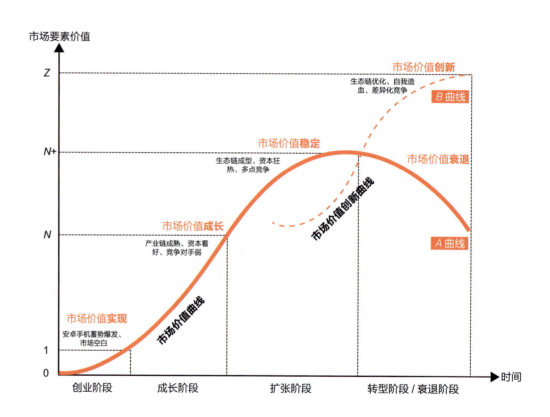

市场价值双 S 曲线
工具

使用方法

1. **本企业分析：** 在右图的空白处，写下贵企业自己在创业、成长、扩张、转型/衰退等阶段市场价值创造和创新的特点。

2. **友商分析：** 在右图的空白处，写下贵企业友商在创业、成长、扩张、转型/衰退等阶段市场价值创造和创新的特点。

3. **对比分析：** 简要对比分析贵企业和友商在创业、成长、扩张、转型/衰退等阶段市场价值创造和创新特点的异同。

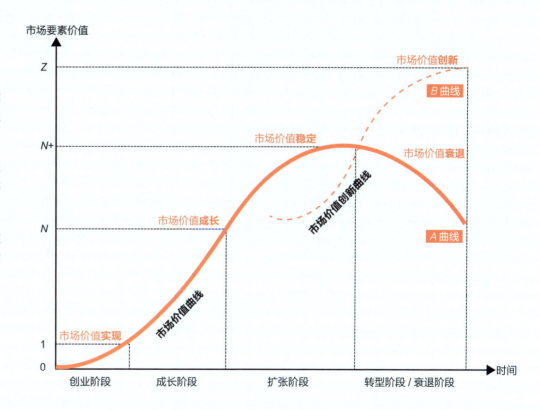

企业价值双 S 曲线

企业与生命体

我们把企业比作生命体。

生命体是由器官组成的（器官又由组织再到细胞组成），企业也是由一些基本要素组成的。

生命体的生命周期有出生、成长、成熟和衰老等阶段，企业也有创业、成长、成熟和衰退／转型等阶段。

把四个基本要素和生命周期这两个特点结合起来，就有了图中四条比较细的 S 型曲实线，分别代表着用户价值曲线、组织价值曲线、产品价值曲线和市场价值曲线。和这四条 S 型曲实线相对应的，是四条 S 型曲虚线，分别代表着用户价值创新曲线、组织价值创新曲线、产品价值创新曲线和市场价值创新曲线。这些要素的价值曲线组合起来，就是企业价值曲线和企业价值创新曲线。

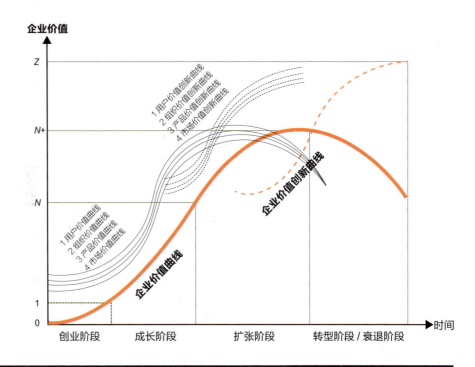

何为"企业价值曲线"？

"企业价值曲线"的内涵可以从三方面来理解，都包含在"企业价值曲线"这个名字里面。

首先是"企业"。"企业"是一个综合性概念，企业是由战略四要素构成的一个整体，企业价值曲线同时包括战略四要素的价值曲线，反映的是企业的整体价值。

其次是"价值"。企业长期发展的基础一定是创造价值，无论是创造用户价值、组织价值、产品价值，还是市场价值。

最后是"曲线"。"曲线"这两个字体现了企业发展的曲折性，而"创新曲线"体现了企业发展的跨越性。就曲折性来说，企业发展一定有高峰和低谷。就跨越性来说，企业发展一定不是自始至终沿一条曲线进行，而是要在不同的时点，在不同的曲线间实现跨越。

从创业到卓越

基业能否长青？

斯坦福大学的管理学教授吉姆·柯林斯曾被《世界经理人》杂志评为影响中国管理十五人之一。他出版了好几本畅销书，包括《基业长青》《从优秀到卓越》《再造卓越》和《选择卓越》。

这四本书里的第一本是 1994 年出版的《基业长青》。这本书关注的是大企业，这些企业被柯林斯称为"高瞻远瞩公司"。柯林斯在选择研究对象公司时非常小心，样本公司创立年份距他这本书出版时的平均值为 97 年。也就是说，柯林斯希望"发现历百年而不变的管理原则"。

写完《基业长青》后，柯林斯想研究一下怎么才能把一家优秀公司变得卓越。于是，他在 2001 年写了《从优秀到卓越》。

而到了 21 世纪，很显然，和 20 世纪不同，企业在 21 世纪面临的营商环境更加复杂。刚进入 21 世纪，就发生了"9·11 事件"。当搜狗公司 CEO 王小川 2014 年在中国企业"未来之星"年会上致辞中提到《基业长青》中的"高瞻远瞩公司"时，其中已经有 4 家倒闭了，还有几家也摇摇欲坠。

柯林斯显然也意识到了"基业长青"的企业只是少数，而大多数"优秀"的企业最终难逃衰落命运。为此，柯林斯在 2009 年出版了《再造卓越》一书。虽然书名叫《再造卓越》，这本书的副标题实际上是"大公司为何会衰落"。柯林斯认为，企业衰落的"祸根"在快速成长阶段已经埋下了。

在连续研究了"卓越的"公司、"优秀的"公司和"衰落的"公司之后，柯林斯终于把目光投向了"不确定的环境"中"高速成长的"公司。2011年，柯林斯出版了《选择卓越》。笔者认为该书名更好的翻译应该是《因选择而卓越》(Great by Choice)。

从企业发展的阶段来看，《基业长青》对应的是扩张阶段，《从优秀到卓越》对应的是成长阶段，《再造卓越》对应的是衰退阶段，而《选择卓越》对应的是创业阶段。如果把企业价值创新曲线当作第二次选择，那么《选择卓越》也可以对应新的企业价值曲线的选择。

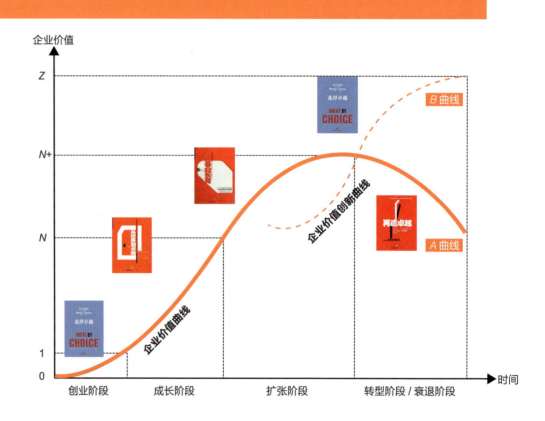

吉姆·柯林斯花了 20 年研究的问题，归根结底，就是一个**从创业到卓越**的问题。

创业从失败开始

创业从失败开始

创立易到用车的周航分享自己的创业经验时曾说:"创业从某种意义上很像一个跳高比赛,如果你只是以挑战为目的,那这样创业的终极宿命可能就是失败。也就是说可能失败就是创业的一种宿命,是一种不可避免的东西。如果我们认为失败是不可避免的话,那我们学习失败不是为了避免失败,我们的目的首先是面对失败、接受失败、解决失败、放下失败,学习是为了人生更好地前行。"

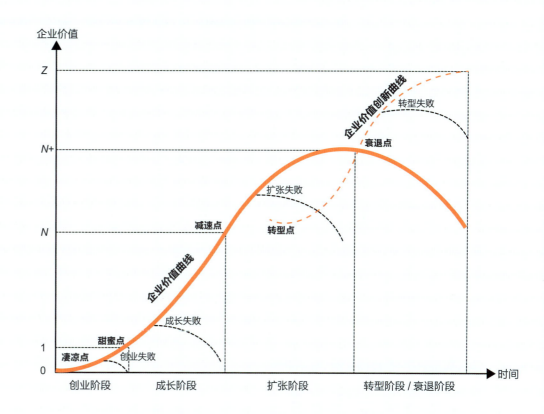

成功在失败中永生

如果把企业生命周期分为创业阶段、成长阶段、扩张阶段和转型阶段,那么创业者会经历创业失败、成长失败、扩张失败和转型失败四种失败。

在企业发展的过程中,和失败有关的有五个关键点。

① 凄凉点。大多数创业公司都进入不了成长阶段,而是在创业阶段就失败了。创业项目还没有看到成长的曙光,就在夜色中凄凉地凋零了。

② 甜蜜点。每一支高尔夫球杆的杆头,都有一个用于击球的最佳点,这一点可以把球准确地击打出去,并能击发出球最远的飞行距离。从创业阶段向成长阶段的转折点。在这个点上,创业者基本上可以确信商业模式已成立,接下来是做复制和放大。

③ 减速点。即使一家公司顺利通过了创业阶段,并在成长阶段拉出一条漂亮的增长曲线,它也会终有一天遇到"减速点"。减速的原因可能是因为用户、组织、产品、市场等战略要素发生了变化。

④ 衰退点。企业的传统业务在经历一段时间的减速期之后,难以避免地会进入衰退阶段。传统业务衰退是自然规律。面对衰退,企业需要认真准备,积极对待。

⑤ 转型点。没有哪种业务是永远不会衰退的,所以,转型是企业面临的一个永恒话题。伟大的企业都是在不断的转型中寻找新的发展方向。

**在不确定性中寻找确定性,
在不连续性中寻找连续性。**

生命密码的核心算法

四个阶段
创业→成长→扩张→转型

四则运算
减法→乘法→加法→除法

四大要素
用户→产品→市场→组织

四益准则
精益→专益→增益→升益

四度空间
精度→深度→宽度→维度

四级模式
"点" → "线" → "面" → "体"

② **专益成长**
（从 1 到 N）
【产品】
〖深度〗
{线}

③ **增益扩张**
（从 N 到 N+）
【市场】
〖宽度〗
{面}

① **精益创业**
（从 0 到 1）
【用户】
〖精度〗
{点}

④ **升益转型**
（从 N+ 到 Z）
【组织】
〖维度〗
{体}

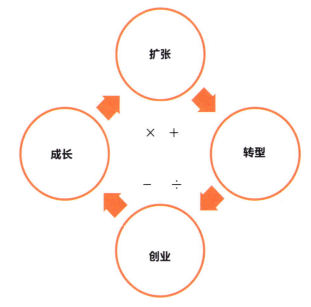

四个阶段和四则运算

四个阶段
创业 → 成长 → 扩张 → 转型

企业生命周期分为四个阶段：创业、成长、扩张和转型，分别对应从 0 到 1、从 1 到 N、从 N 到 N+ 和从 N+ 到 Z 四种情况。

从 0 到 1 意味着企业的从无到有，从 1 到 N 意味着初期业务的用户从少到多，从 N 到 N+ 意味着围绕核心业务的多元化，而从 N+ 到 Z 意味着企业转换或拓展新的跑道，再次起飞。

在每个发展阶段，各要素的重要程度有所不同，推动企业发展的主要动力也有所不同，这些差异可以比喻为各阶段的战略运算规则不同。

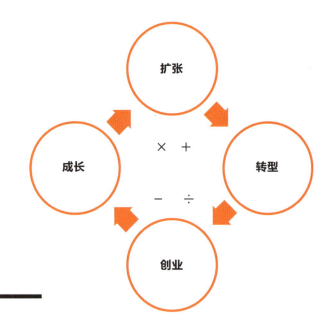

四则运算
减法 → 乘法 → 加法 → 除法

创业阶段，减法。创业，就是要"复杂的事情简单做"。怎么能把复杂的事情做简单呢？得用"减法"。减去用户不关心的需求，减去产品不必要的功能，减去组织不必要的职能，减去市场不必要的流程。

成长阶段，乘法。成长，就是要"简单的事情重复做"。怎么能把简单的事情重复做呢？得用"乘法"。用核心用户价值乘上更多的用户数量，用小型组织乘上更大的组织能量，用单个产品乘以更大的产品销量，用利基市场乘以更多的资源当量。

扩张阶段，加法。扩张，就是要"重复的事情认真做"。怎么能把重复的事情认真做呢？得用"加法"。围绕核心用户挖掘多元需求，围绕核心组织打造合作平台，围绕核心产品研发关联产品，围绕核心市场建立合作网络。

转型阶段，除法。转型，就是要"认真的事情创新做"。怎么能把认真的事情创新做呢？得用"除法"。去除对原有用户过度依赖的妄念，去除现有组织积累的惰性，去除旧有产品过时的性能，去除已有市场不合理的因素。

四大要素和四益准则

四大要素

用户 → 产品 → 市场 → 组织

我们知道，企业战略的四个基本要素是用户、产品、市场和组织。这四个要素在企业发展的各个阶段都起到基础的作用。但是，每个要素在企业发展的不同阶段的作用是不一样的。

在创业阶段，用户要素最重要。创业首先要找到用户的需求，用户有需求，创业才有目标和意义。

在成长阶段，产品要素最重要。成长首先要把产品做好，产品有价值，成长才有可能性和基础。

在扩张阶段，市场要素最重要。扩张首先要获取市场资源，有市场资源，扩张才有空间。

在转型阶段，组织要素最重要。转型首先要解决组织惰性问题，组织能创新，转型才有希望。

四益准则

精益 → 专益 → 增益 → 升益

创业、成长、扩张和转型的四个关键字分别是精、专、增、升。精是精一，专是专注，增是增效，升是升维。

在创业阶段，要精益。精益创业强调的是对用户需求的精益求精。

在成长阶段，要专益。专益成长强调的是对产品品质的专心专注。

在扩张阶段，要增益。增益扩张强调的是对市场空间的增效追求。

在转型阶段，要升益。升益转型强调的是对组织能力的升维升级。

创业阶段精益用户力

在**创业阶段**，要**精益**。精益创业强调的是对用户需求的精益求精。

"精"是由"米"+"青"组成的，青是"倩"的省略，表示好看的、漂亮的。所以，"精"是指经过筛选的上等稻米。此外，"精"是生命能量的最高级形式。
精用户，是要对用户需求的精准把握。

"轻"字是由"车"与"坙"联合起来的，"坙"是"径"的省略，表示便道、小道。"轻"表示可以在小道上运转自如的小型战车。
轻组织，指创业组织应运转自如。

"磨"字是由"麻"+"石"组成的，麻表示粗糙，石表示石盘，合起来就是有粗粝槽纹的石盘。磨就是用两块凿有交错麻点的石盘组成的石具来加工食物。
磨产品，指创业阶段要不停地打磨产品。

"准"字由"冫"和"隹"组成，"冫"本指"冰"，引申指"凝固"，"隹"即猎隼，引申指"尖头"。"冫"和"隹"联合起来表示"尖头凝固"，造字的本义是工匠单睬一只眼，以便聚焦观察建筑材料的线面是否水平。
准市场，指创业阶段要找准细分市场。

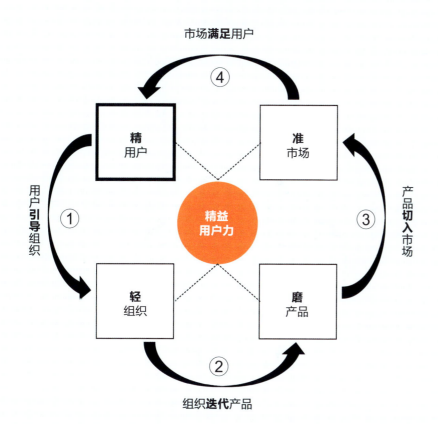

创业阶段的主导要素是"用户"。

创业一定要从用户需求出发，精研用户需求，跟随用户需求建立轻组织，用轻组织打磨细产品，用细产品切入准市场，实现用户需求和市场的精准匹配。

所以，创业阶段叫作"精益创业阶段"，这个阶段的核心力量是"**精益用户力**"。

创业阶段精益用户力模型

使用方法 ——

1. **本企业分析：** 在右图的空白处，分析贵企业的创业阶段，在"精用户""轻组织""磨产品"和"准市场"等四个方面有什么经验和改进空间。

2. **友商分析：** 在右图的空白处，分析贵企业的友商的创业阶段，在"精用户""轻组织""磨产品"和"准市场"等四个方面有什么值得学习的地方。

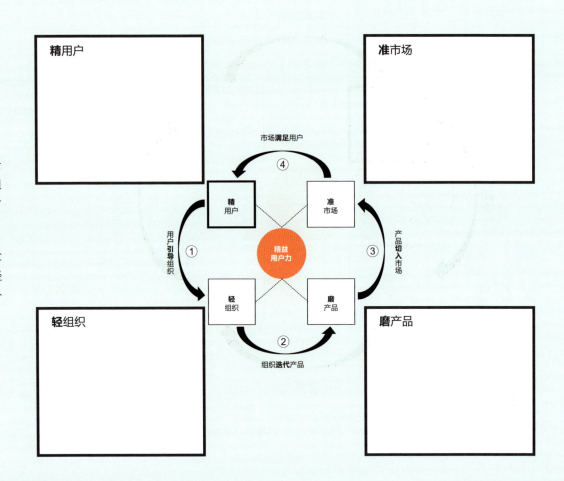

成长阶段专益产品力

在成长阶段,要专益。专益成长强调的是对产品品质的专心专注。

"专"是"转"字的本字,"转"字分为两部分,"车"字旁表示缠绕着丝线的纱锤与转轮,"专"字旁象形表示抓住纱锤与转轮的双手。
专产品,是要对产品开发专心专注。

"速"字是由"辵"和"束"组成的,"辵"表示行进,"束"表示行囊,造字的本义是背负行囊远行。既然要远行,就要有速度。
速市场,指企业要快速进入市场,快速获得资源,快速建立竞合地位。

"众"字由三个人组成,表示相随、同行的一群人。古休的众字上面有个"日",造字本义是蓝天红日之下合群生活的广大人群。
众用户,指需要从创新者的单个"人",到早期使用者的"从",再到早期大众的"众"。

"快"字由"心"和"夬"合成,"心"表示心情,"夬"是开口表达的意思,二者合起来就是有话直说,直率地表达心情。
快组织,指成长阶段的组织不仅对外行动快,内部沟通也有话直接说。

成长阶段的主导要素是"产品"。

成长一定要以产品为基础,专注产品的持续创新,用产品引爆市场,快速获得市场发展空间,赢得大众用户,并建立一个反应快速、沟通迅速的组织。

所以,成长阶段叫作"专益成长阶段",这个阶段的核心力量是"**专益产品力**"。

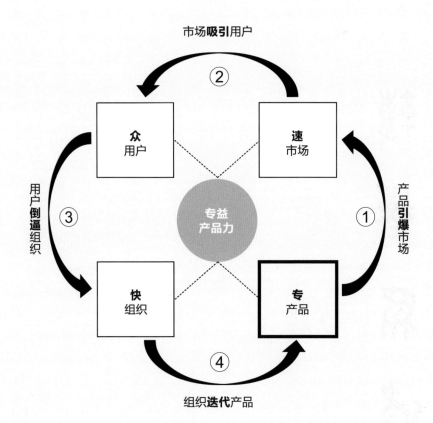

成长阶段专益产品力模型

使用方法

1. **本企业分析：** 在右图的空白处，分析贵企业的成长阶段，在"众用户""快组织""专产品"和"速市场"等四个方面有什么经验和改进空间。

2. **友商分析：** 在右图的空白处，分析贵企业的友商的成长阶段，在"众用户""快组织""专产品"和"速市场"等四个方面有什么值得学习的地方。

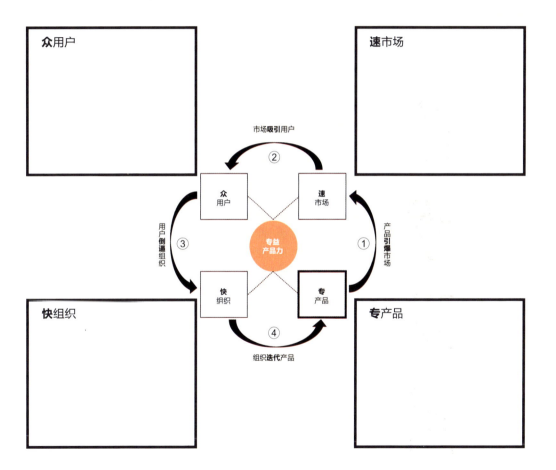

扩张阶段增益市场力

在扩张阶段,要增益。增益扩张强调的是对市场空间的增效追求。

 增

"增"字由"土"和"曾"组成,"曾"是添加的意思,所以,"增"就是添加泥土,添砖加瓦。
增市场,指企业进一步的市场扩展要有步骤,而不是"拆东墙补西墙"。

 存

"存"字由"才"和"子"组成,"才"表示房柱房梁,借代居所,"子"表示后代,"存"造字的本义是安居乐业,传宗接代,世代延续。
存用户,指扩张阶段企业要深挖用户存量,而不是一味强调做大用户量。

 强

"强"字由"弘"和"虫"组成,"弘"表示声音大,"虫"指爬行动物,合在一起表示呼啸声震撼人的大型爬行动物。
强组织,做大的目的是做强,做大的基础也是做强,扩张阶段要做强组织。

 联

"联"字由"耳"和"关"组成,"耳"就是耳朵,造字本义是系在两耳上的耳链,强调两两相连。
联产品,指扩张阶段的产品之间要相互关联。

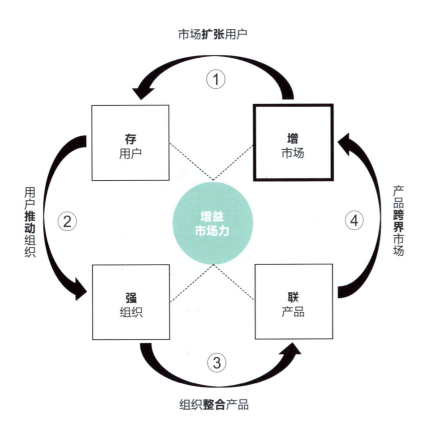

扩张阶段的主导要素是"市场"。

扩张阶段企业面临的市场挑战最大,一方面可能向上走,另一方面很可能向下走。扩张阶段一定要注重增量市场,关注存量用户,做强组织,用关联产品占领增量市场。

所以,扩张阶段叫作"增益扩张阶段",这个阶段的核心力量是"**增益市场力**"。

扩张阶段增益市场力模型

使用方法

1. **本企业分析：** 在右图的空白处，分析贵企业的扩张阶段，在"存用户""强组织""联产品"和"增市场"等四个方面有什么经验和改进空间。

2. **友商分析：** 在右图的空白处，分析贵企业的友商的扩张阶段，在"存用户""强组织""联产品"和"增市场"等四个方面有什么值得学习的地方。

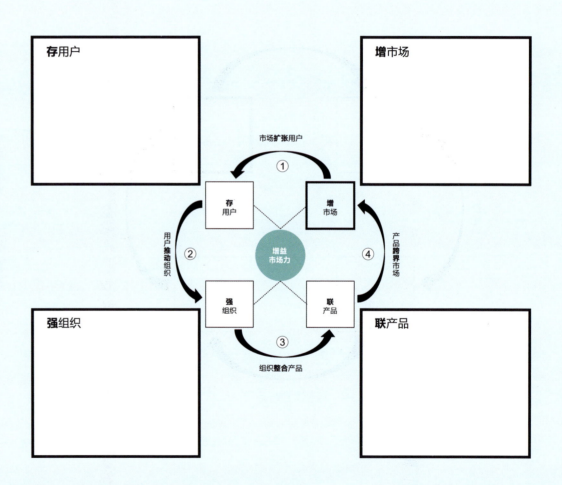

转型阶段升益组织力

在转型阶段,要升益。升益转型强调的是对组织能力的升维升级。

"升"的古体字是"昇",由"日"和"升"(提起酒斗)组成,表示太阳从地平线向上移动。
升组织,目的是让组织升级,从原来的层级升级至一个更高的层级。

"新"字由"辛""木"和"斤"组成,"辛"表示▼形的劈柴铁钎,"木"表示树桩,"斤"表示斧头。表示用斧、钎等工具劈柴,每一次砍下去都有新的木头露出来。
新产品,指转型阶段需要在原有的产品基础之上,砍掉一些不必要的功能,增加一些新的元素,破旧立新。

"创"字由"仓"和"刀"组成,表示木匠挥刀抡斧,砍凿树料,建造房屋。所以,"创"也有破旧立新的意思。
创市场,转型阶段的难点是跳出原有价值网,从更大的格局和更远的视野看市场。

"非"字是个象形字,左右两个人背靠背,表示两人思想相背、观念冲突、行为排斥。
非用户,指转型阶段发现新的需求,进入新的价值网。

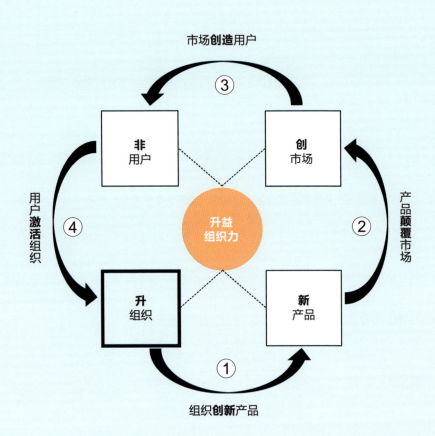

转型阶段的主导要素是"组织"。

企业经过长期发展,已经形成很多"堡垒",而堡垒通常是要从内部突破的,所以转型一定要先从组织内部入手,激发组织活力,让升级的组织创新产品,用创新的产品颠覆市场,引导市场发展创造用户需求。

所以,转型阶段叫作"升益转型阶段",这个阶段的核心力量是**"升益组织力"**。

转型阶段升益组织力模型

使用方法

1. **本企业分析：** 在右图的空白处，分析贵企业的转型阶段，在"非用户""升组织""新产品"和"创市场"等四个方面有什么经验和改进空间。

2. **友商分析：** 在右图的空白处，分析贵企业的友商的转型阶段，在"非用户""升组织""新产品"和"创市场"等四个方面有什么值得学习的地方。

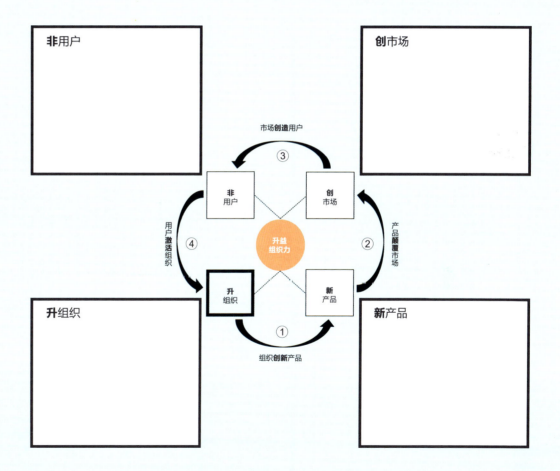

四度空间和四级模式

四度空间

精度 → 深度 → 宽度 → 维度

  竹

"丁"字的演变。金文的"丁"字以圆形呈现。篆文上体变作横笔，下体变作竖笔。隶书下体变形作左弯。楷书承之而变作左钩。

"丁"字的寓意。创业圈里讲，创业要找"一厘米宽，一公里深"的市场。

"一厘米宽"，说的就是精度，是"丁"的横笔，寓意是找准市场切入点。

"一公里深"，说的就是深度，是"丁"的竖笔。"丁"字竖笔有一个左钩，寓意是挖掘深度需求，勾住用户。

"丁"字的横笔和竖笔相比，并不特别短。寓意是早期的切入点可以横向延伸，成为有宽度的市场。

"丁"打入地下，如果生命力强大，就能生根发芽，长成枝繁叶茂的竹林，成为多维度的生态。

小米生态链背后就是竹林逻辑。一个产品作为竹笋打入地下，向下扎，生根发芽，然后快速迭代，并向多个维度扩展，形成竹林。

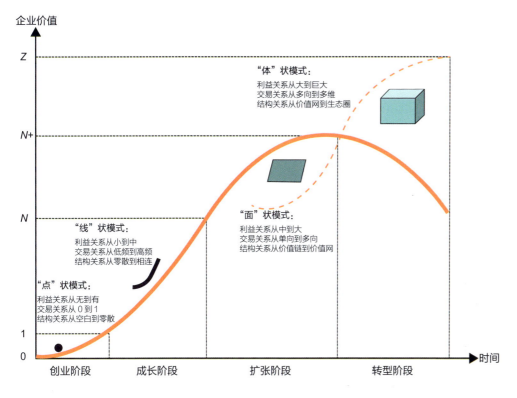

四级模式

"点" → "线" → "面" → "体"

创业阶段商业模式的特点是**"点"**状模式，相关方的利益关系从无到有，交易关系从 0 到 1，结构关系从空白到零散。

成长阶段商业模式的特点是**"线"**状模式，相关方的利益关系从小到中，交易关系从低频到高频，结构关系从零散到相连。

扩张阶段商业模式的特点是**"面"**状模式，相关方的利益关系从中到大，交易关系从单向到多向，结构关系从价值链到价值网。

转型阶段商业模式的特点是**"体"**状模式，相关方的利益关系从大到巨大，交易关系从多向到多维，结构关系从价值网到生态圈。

企业价值"点"→"线"→"面"→"体"模型
工具

使用方法 —

1. **本企业分析：** 在右图的空白处，分析贵企业在创业、成长、扩张和转型阶段，"点、线、面、体"商业模式形成的机制。

2. **友商分析：** 在右图的空白处，分析贵企业的友商在创业、成长、扩张和转型阶段，"点、线、面、体"商业模式形成的机制。并分析友商的什么方面值得贵企业学习。

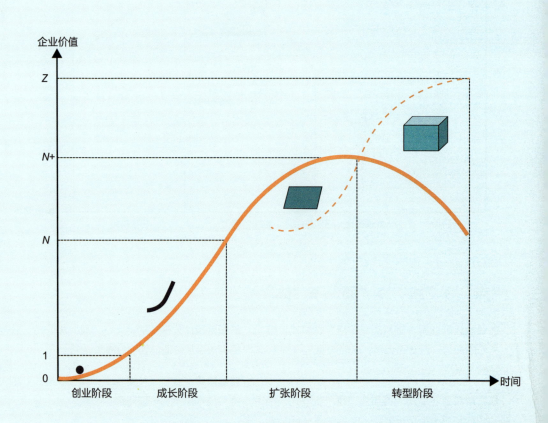

创业

04 第4章

站稳脚跟再出发

创业，

如人之初生，

充满不确定性和不连续性。

创业者，

要不忘初心，

精研需求

创业四问

为何创业？
从个人角度讲，创业原因主要有两种：为了个人发展的创业和为了个人生存的创业。
从社会角度讲，创业"第一因"应该是"创造用户价值"。
不忘初心，方得始终。

创业环境如何？
从技术和需求成熟度看，有四类市场环境：混沌市场、蓝海市场、红海市场、蓝冰市场。
能大成的创业往往始于混沌市场。死得快的创业大都是进入了红海市场。
浑水摸鱼须小心，红海里面皆鲨鱼。

	人	事
外	**用户** 1. 为何创业(Why)？	**市场** 4. 创业环境如何(Where)？
内	**组织** 2. 谁（和谁）创业(Who)？	**产品** 3. 创什么业(What)？

谁适合创业？
决定个人创业倾向的有两个主要因素：重大风险承担倾向和持续学习与创新能力。二者都高的适合创业，只是学习能力强的可以做科学家，二者都不太高的适合打工。
创业有风险，启航需谨慎。

创什么业？
可以从"为谁创业"和"为何创业"两维度分析创业：为了个人 vs. 他人的创业和为了现实 vs. 梦想的创业。
创业就是创四个"求"：职场诉求、个人欲求、市场供求、人类追求。
人总是要有梦想的，万一实现了呢？

创业四问画布工具

为何创业？

创业环境如何？

使用方法

创业分析：在图的空白处，分析创业阶段的企业有关用户、组织、产品和市场等要素的基本问题。

	人	事
外	**用户** 1. 为何创业(Why)？	**市场** 4. 创业环境如何(Where)？
内	**组织** 2. 谁（和谁）创业(Who)？	**产品** 3. 创什么业(What)？

谁适合创业？

创什么业？

用户：创业起步点

用户（创业阶段）

创业阶段用户的整体特征是**"精、准、异"**。

"精" 是说天使用户要少而精。
"准" 是说爽痛点需求抓得准。
"异" 是说和现有竞品差异化。

爽痛点需求

创业者要问的第一个问题是：用户为何会买账？

人们通常把钱花在两件事上：第一，对抗痛苦；第二，追求快乐。

爽痛点需求可以帮助创业企业与竞品区分开，帮助企业集中力量办大事，帮助企业实现单点突破，并帮助企业找到未来发展方向。

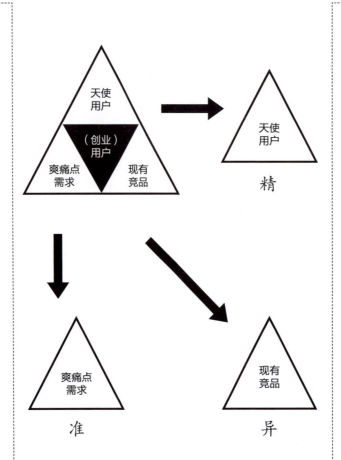

天使用户

一种产品最早那批使用者中最认同产品，并希望更多人认同这种产品的人，对产品和企业有着至关重要的意义。

天使用户可以帮助创业企业抓住爽痛点需求，帮助创始人把握创业方向，帮助创业企业聚焦 MVP 功能，帮助创业企业获得创新性技术。

现有竞品

竞争的最高形态就是垄断。

可以从用户重合度和需求重合度两个维度分析现有竞品。

分析考虑现有竞品的差异，对于企业抓住爽痛点需求、打造有竞争力的团队、开发 MVP 和运用创新性技术等都有重要影响。

组织：创业立足点

组织（创业阶段）

创业阶段组织的整体特征是**"信、补、轻"**。

"信" 是说创始人笃信创业方向。
"补" 是说创始团队能力互补。
"轻" 是说扁平组织轻装前进。

创始团队

创业团队最好具备三类人：
第一类是具有发现问题和分析问题能力的人；
第二类是具有技术专长的人；
第三类是具有管理专长的人。

孙陶然也认为，创业团队中互补的三类人不能少：

第一类是领军人物；
第二类是销售人员；
第三类是技术人员。

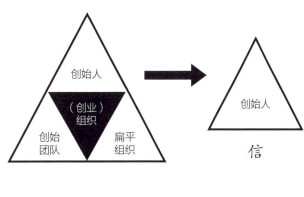

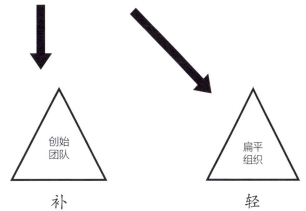

创始人

大多数卓越企业的成功都可以追溯到创始人在企业初创时期雄心勃勃的愿景。

创始人精神包括：
强烈的使命感；
主人翁精神；
重视一线业务；
具有战略眼光。

扁平组织

扁平组织是创业阶段组织的自然形态。

扁平组织可以帮助创业企业与天使用户产生密切互动，减少创业团队的管理负担，使 MVP 开发更为顺畅，帮助创业企业在混沌市场中寻找机会。

产品：创业发力点

产品（创业阶段）

创业阶段产品的整体特征是**"磨、小、一"**。

"磨"是说 MVP 开发的迭代打磨。
"小"是说口碑营销小范围扩散。
"一"是说单点突破模式的聚焦。

口碑营销

口碑营销对于创业企业的作用可以分为三个方面：

一是节约营销成本；
二是提高营销效率；
三是验证产品和市场的匹配程度。

口碑营销对实现产品的单点突破、抓住用户的爽痛点需求、帮助企业建立扁平组织和使企业在混沌市场中获得清晰的定位都很重要。

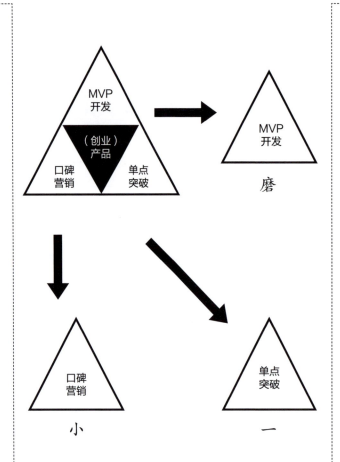

MVP 开发

最小可行产品（MVP）开发的基本想法是，用最快、最简明的方式建立一个可用的产品原型，这个原型要表达出你产品最终想要的效果，然后通过迭代来完善细节。

MVP 开发对创业企业实现产品的单点突破、抓住用户的爽痛点需求、形成扁平化组织结构和在混沌市场中找到方向等都很重要。

单点突破

创业者可以问自己几个关于"一"的问题：

如果你只能选择一个用户，这个人是谁，为什么？
如果你只能满足用户的一个需求，这个需求是什么，为什么？
如果你只有一次机会说服用户，你会用什么方式，为什么？
为了满足用户需求，如果产品只能有一个功能，这个功能是什么，为什么？

市场：创业目标点

市场（创业阶段）

创业阶段市场的整体特征是**"新、己、混"**。

"新" 是说创新性技术要真的新。
"己" 是说初始资本要自己出。
"混" 是说混沌市场方向不清楚。

初始资本

初始资本的可能来自创始团队内部和创始团队外部。

来自创始团队内部的资金既包括个人储蓄，也包括个人的借款。来自创始团队外部的资本包括商业风险投资和政府资金。

要想让外部资本信任创业团队，团队必须投入相当比例（数量）自己的钱。

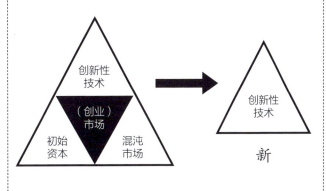

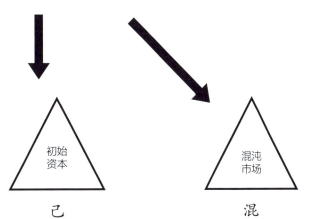

创新性技术

可以从技术的科学创新水平和技术的应用创新水平两个维度，把科技应用分为四类：

成熟科技的常规应用；
成熟科技的创新应用；
创新科技的常规应用；
创新科技的创新应用。

四种科技应用类型的风险和收益不同，新技术的新应用风险最高，但潜力也最大。

混沌市场

突破混沌市场，在混沌中找到秩序，是创业企业实现从 0 到 1 的重要途径。

对于处在精益创业阶段的企业而言，混沌市场对于企业获得创新性技术、抓住用户爽痛点需求、打造扁平化组织和实现产品的单点突破等方面，都有重要意义。

精益创业阶段十二要点

用户

天使用户： 深入了解少而精的天使用户特征。

爽痛点需求： 仔细挖掘天使用户的爽痛点需求。

现有竞品： 系统分析现有竞品未满足用户的哪些需求，实现和竞品的差异化。

市场

创新性技术： 分析创业企业如何抓住技术等市场趋势。

初始资本： 分析创业企业如何利用自有资本汇集更多力量。

混沌市场： 分析创业企业如何应对市场的不确定性和不连续性，在混沌市场中找到出路。

使用方法

从 12 个要点思考创业阶段的用户、组织、产品和市场。

可以利用后页的"精益创业阶段战略画布"进行具体分析。

		人	事	
外	用户	天使用户 爽痛点需求 现有竞品	市场	创新性技术 初始资本 混沌市场
内	组织	创始人 创始团队 扁平组织	产品	MVP 开发 口碑营销 单点突破

组织

创始人： 分析创始人有哪些特点，有什么创业的优劣势。

创始团队： 分析创始团队的个人特点以及团队的互补性。

扁平组织： 分析扁平的创业组织如何实现轻运营和高效率。

产品

MVP 开发： 专注最小可用产品开发，快速迭代产品。

口碑营销： 通过口碑营销方式，低成本地快速验证需求。

单点突破： 集中所有力量，达成单点突破。

精益创业阶段战略画布

天使用户	创始人	MVP 开发	创新性技术

爽痛点需求	创始团队	口碑营销	初始资本

现有竞品	扁平组织	单点突破	混沌市场

精益创业阶段战略画布(举例:阿里巴巴,1999~2003年)

天使用户	创始人	MVP开发	创新性技术
1999年10月,中英文网站注册用户超过2万人。 2001年12月B2B拥有100万会员。 从海博翻译社到中国黄页,为马云和核心团队理解用户爽痛点积累经验。	"我们要做一件伟大的事情,我们的B2B要为互联网服务带来革命。你们都不要慌,十几个人一起冲,有什么慌的"。 35岁,3次创业失败,人称"骗子"。 战略眼光:互联网;进入WTO;电子商务。	1999年创业初,决定6个月不宣传,做好网站。 2000年10月,推出"中国供应商"产品:展示产品、收集信息、知识辅导。 2001年诚信通:谈判前身份验证,2300元/年。	免费(基础展示)+收费(会员增值服务、诚信通)。 会员费(4~8万);金品名企增值服务(百万级别)。 互联网+(跨境)贸易(创新科技的创新应用)。

爽痛点需求	创始团队	口碑营销	初始资本
有进出口需求的中小企业,获得订单信息。 87%客户担心诚信问题,2001年推出"诚信通"。 "一个公司要长久发展,必须为社会解决问题"。	18人团队,爬长城,湖畔花园开会。 蔡崇信放弃百万美元年薪加入阿里,每月500元。 团队能力互补。2002年演讲提到4个O,4个国籍。 武侠文化,风清扬。	开始人工到各种网站、BBS上贴帖子。 2000年德国演讲,1500个座位,只来了3个人。 2000年9月,举行首届"西湖论剑"。 演讲,提升媒体关注"2002年战略是只赚1块钱"。	团队共同出资50万元;迟迟未融资成功。 1999年10月,在拒绝了38家投资机构后,接受高盛投资500万美元,2000年1月,软银计划投资3000万美元,接受2000万美元。

现有竞品	扁平组织	单点突破	混沌市场
线下交易会(宣传费用高、日常无法宣传、无培训服务、无法保持互动)。 借势"西湖论剑"抱团取暖。	创业初期完善员工持股制度。 "内练一口气,外练筋骨皮"。 早期请过很多MBA、国际精英,后开始培养内部人才。	2000年年初,拿到钱后,换办公室,快速扩张,成立硅谷研发中心、日本分公司、韩国分公司、中国台湾分公司;互联网泡沫破裂后,"回到中国""回到杭州"。	1999年,中国互联网元年,混沌中寻找秩序。

成长

05
第 5 章

一路歌来一路发

成长，

如人之青春，

充满希望和梦想。

成长者，

要笃信愿景，

专注产品

成长四问

企业为什么会成长？

德鲁克认为，成长是企业产品满足市场增长需求的结果。

改革开放四十年，中国企业快速成长的深层动因是，"人民日益增长的物质文化需要同落后的社会生产之间的矛盾"。

进入新时代，企业需要重新思考"人民日益增长的美好生活需要和不平衡不充分的发展之间的矛盾"对成长带来的影响。

市场能否支持成长？

彭罗斯认为，企业总是存在着未被充分利用的资源，而未用完的生产性资源的可继续利用性是企业成长的原因。

与企业增长密切相关的市场环境因素包括：技术/模式是否具有成长性，是否能够获得充足的资本和资源，以及企业所在市场是不是具有较大增长空间的蓝海市场。

		人		事	
外	用户	1. 企业为什么会成长（Why）？		市场	4. 市场能否支持成长（Where）？
内	组织	2. 组织能否跟得上（Who）？		产品	3. 什么事能够成长（What）？

组织能否跟得上？

钱德勒认为，层级制的组织结构是推动企业成长的"看得见的手"。

进入成长阶段，创业企业所需要做的一件重要的事情就是补足缺失的管理职能，形成初步的层级组织。

成长阶段企业容易出现五类组织问题：创始人成长过慢、中层成长过慢、层级增加过多、职能发展不均衡、内部协同混乱。

什么事能够成长？

安索夫提出的增长矩阵，强调市场渗透（以现有的产品面对现有的顾客）、市场开发（提供现有产品开拓新市场）、产品延伸（推出新产品给现有顾客）、多元化经营（提供新产品给新市场）等四种增长方式。

不是所有的事情都能够实现快速增长。产品的市场渗透有规律可循，企业要顺应规律，实现产品的有机增长。

成长四问画布工具

		人		事
外	用户	1. 企业为什么会成长（Why）？	市场	4. 市场能否支持成长（Where）？
内	组织	2. 组织能否跟得上（Who）？	产品	3. 什么事能够成长（What）？

企业为什么会成长？

市场能否支持成长？

组织能否跟得上？

什么事能够成长？

使用方法

成长分析： 在图的空白处，分析成长阶段的企业有关用户、组织、产品和市场等要素的基本问题。

用户：成长的原因

用户（成长阶段）

成长阶段用户的整体特征是"**众、常、跨**"。

"**众**"是说大众用户人数众多。
"**常**"是说普遍需求是日常需求。
"**跨**"是说需求鸿沟很难跨越。

普遍需求

普遍需求是大量用户具有共性的需求，与之相对的是个别用户的差异化需求。

需求的普遍性受群体中用户数量和用户需求相似度两个因素影响。

微信支付之所以成功，一是因为微信用户众多，二是因为支付场景涉及生活的方方面面。

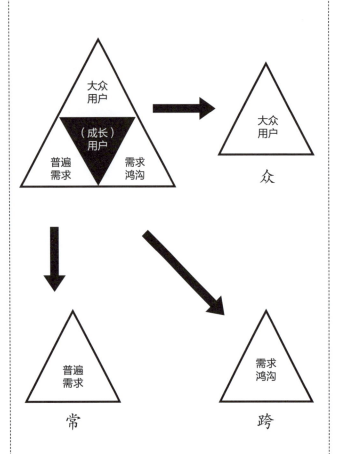

大众用户

企业进入成长阶段，首先要面对的问题是用户的变化，即用户群体从天使用户向大众用户的转变。

大众用户在生理特征、心理特征和社会特征等方面和天使用户都有较大区别。

很多企业"死在"成长的路上，就是因为无法获得大众用户。

需求鸿沟

跨越鸿沟，关键是瞄准主流市场中一个高度具体的细分市场，集中所有兵力，攻克那个细分市场。随后，把这个细分市场作为阵地，逐步扩大战果到整个主流市场。

腾讯一直想发展支付业务，但之前从电商切入的财付通总是不温不火。直到从微信红包切入，逐渐提高用户的绑卡率，扩大线下支付场景，最终成为普遍移动支付手段。

组织：成长的瓶颈

组织（成长阶段）

成长阶段组织的整体特征是"**破、学、快**"。

"**破**"是说创始人要自我突破。
"**学**"是说团队在学习中专业化。
"**快**"是说层级组织以快为目的。

团队专业化

创业团队的组建基本可以分成三种模式：关系驱动、要素驱动和价值驱动。

无论是哪种模式，团队的专业化分工对于创业企业的快速发展都至关重要。

团队专业化可以从团队构成和成员发展两个维度考虑。具体分为重新分工、干中学、引入空降兵、培养未来之星四种模式。

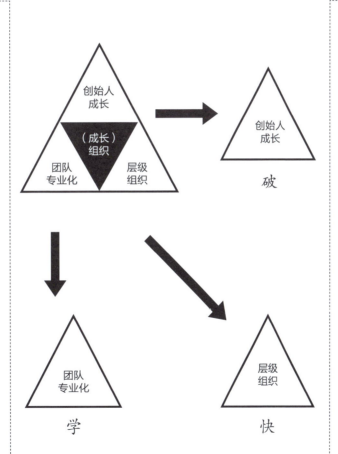

创始人成长

创业圈里流行一句话，"创始人的认知边界，就是创业企业的发展边界"。

创始人成长可以极大地带动团队成长，帮助企业抓住普遍需求，使企业实现高效的营销，并为企业吸引到重要的资本资源投入。

层级组织

管理成长和业务成长的关系通常有两种。第一种是"先业务，后管理"，第二种是"先管理，后业务"。

创业企业通常采取"先业务，后管理"的模式，但如果管理跟不上，业务发展也会受到制约。

很多创业企业都因为管理跟不上，而夭折在成长的路上。

产品：成长的基础

产品（成长阶段）

成长阶段产品的整体特征是**"爆、广、专"**。

"爆" 是说产品开发要打造爆品。
"广" 是说营销推广要广而告之。
"专" 是说商业模式要专业专注。

广告营销

进入成长阶段，企业不能再像创业阶段那样主要依靠口碑营销，而需要做一些广告营销。

营销 1.0 时代是以产品为中心的时代，营销 2.0 时代是以关系为核心的时代，而营销 3.0 时代是以价值驱动的时代。

新时代的广告营销也应以价值为驱动。

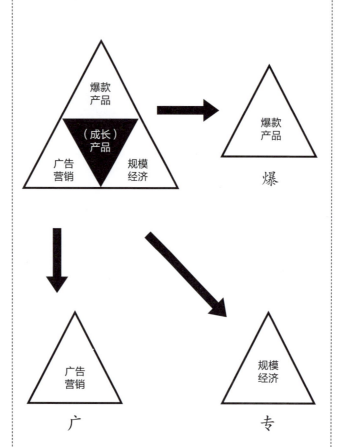

爆款产品

爆款产品逻辑基于的理论是"赢者通吃"理论，该理论认为"行业佼佼者才能获得超高市场份额"。

雷军曾说："在当今的互联网时代，要想成功，必须要做出爆品，要有引爆市场的产品和策略。温水你哪怕做到 99 度，也没啥用，必须是 100 度。"

规模经济

规模经济效应是成长阶段企业梦寐所求的竞争优势来源。

规模经济主要来自于固定成本的摊销。随着业务快速增长，单位业务的成本迅速降低。

只有做到对产品的专业、专注，企业才可能实现规模经济。

市场：成长的空间

市场（成长阶段）

成长阶段市场的整体特征是**"长、恰、速"**。

"长" 是说技术成长要持续稳定。
"恰" 是说外部融资要恰到好处。
"速" 是说市场空间要迅速扩大。

精益融资

精益融资模式是分期分批"最恰当"地出让企业股份。

精益融资包括两个要点：设定阶段目标和小步快走。

融资应该要有远期目标，也需要制定近期的目标。小步，是说融资不要想一次到位；快走，是说要设计好融资的时间窗口。

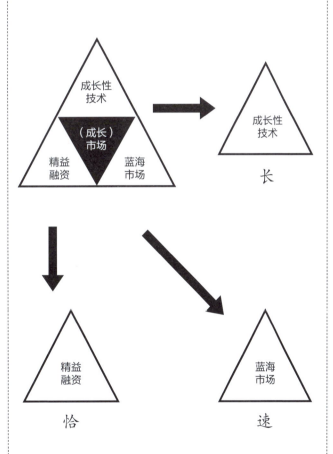

成长性技术

成长阶段的企业在技术方面的考虑主要是技术的成长性和实用性。

实际上，创新性技术和成长性技术之间往往有一个巨大的"期望陷阱"。

成功越过技术的"期望陷阱"，是成长期企业需要跨越的另一条"鸿沟"。

蓝海市场

走出混沌市场，开拓蓝海市场，为成长期企业快速增长打开了广阔天地。

开拓蓝海市场，企业需要：

超越现有需求；
克服组织障碍；
创新产品价值；
重建市场边界。

专益成长阶段十二要点

用户

大众用户：理解大众用户和天使用户的差异。

普遍需求：思考从爽痛点需求到普遍需求转换的路径。

需求鸿沟：跨越从天使用户到大众用户，以及从爽痛点需求到普遍需求的鸿沟。

市场

成长性技术：只有利用成长性技术，才能顺应市场趋势。

精益融资：融资不在多，不在快，而在精益；在对的时间，拿对的钱，干对的事。

蓝海市场：只有避免无谓的竞争，才能实现快速增长。

使用方法

从12个要点思考成长阶段的用户、组织、产品和市场。

可以利用后页的"专益成长阶段战略画布"进行具体分析。

	人	事
外	**用户** 大众用户 普遍需求 需求鸿沟	**市场** 成长性技术 精益融资 蓝海市场
内	**组织** 创始人成长 团队专业化 层级组织	**产品** 爆款产品 广告营销 规模经济

组织

创始人成长：创始人实现自我成长的障碍、路径和能力。

团队专业化：创始团队是否能够以及如何才能通过学习快速成长。

层级组织：如何在成长过程中建立适合的组织结构，用组织成长支撑业务成长。

产品

爆款产品：打造爆款产品，建立成长的基础。

广告营销：通过广告营销，让产品广为人知。

规模经济：通过规模经济模式，降低单位产品成本。

专益成长阶段战略画布

大众用户	创始人成长	爆款产品	成长性技术
普遍需求	团队专业化	广告营销	精益融资
需求鸿沟	层级组织	规模经济	蓝海市场

专益成长阶段战略画布（举例：阿里巴巴，2004～2006年）

大众用户	创始人成长	爆款产品	成长性技术
从中小型贸易企业到个体消费者，从B2B到B2C、C2C。	提出阿里使命"让天下没有难做的生意"。 在从扩张失利到收缩的过程中经历从归纳思维到演绎思维，再到理性直觉的认知升级。 与重量级投资人的互动加速成长。	2002年3月B2B全面收费，2003年每天收入100万，2004年每天盈利100万，2005年每天纳税100万。 淘宝没有盈利压力，专心打造产品。"免费"+"支付宝"使淘宝成为爆款。	互联网和PC的普及。 淘宝、支付宝等平台产品，具有规模经济效应高、边际成本低的特点。

普遍需求	团队专业化	广告营销	精益融资
消费者个性化需求的趋势加速电子商务。 2004年，淘宝拥有450万用户。	专门团队秘密开发。 充分动员：意义，回报。 从游击战士转为正规军。 从迷信海归空降兵，到内部培养（干中学）。	农村包围城市（中小网站、《天下无贼》）。 准备投放1亿广告，被eBay抢先，冻结7个月的市场预算，"让对手先教育市场"。 打败最大的竞争对手就是最好的宣传。	2003年7月，孙正义说服马云接受了8200万美元投资。 2005年，雅虎投资阿里巴巴10亿美元（巨资让阿里连犯错误：进入搜索领域、文化融合失败）。

需求鸿沟	层级组织	规模经济	蓝海市场
2003年eBay投资易趣。 用户对eBay的抱怨：收费模式，运费过高。 免费打收费。 支付体系不接轨，2003年10月，支付宝试水。 承担用户与商家两方的风险。	非典凝聚了公司员工，公司文化得到加强。 倒立文化（看到差异）；武侠文化（有趣的公司，淡化层级观念，用"status"替代"power"，风清扬）。	2003年4月筹备C2C项目，免费，宣称三年不盈利。 2005年，追加10亿投资，承诺继续免费3年。 2005年支付宝免费，用户激增。	概念引领：举办网商大会，网商时代。 从中小企业转向个人消费者；为竞争提前布局。 支付宝解决了交易中的信任和风险问题。

扩张

06 第6章

黄沙百战穿金甲

扩张,

如人之壮年,

背负了厚重与责任。

扩张者,

要拒绝诱惑,

牢记使命

扩张四问

为何扩张?

企业在创业阶段和成长阶段已经获得了一些用户并满足了他们的特定需求。

但在服务用户一段时间后,企业会发现用户的一些尚未被满足的需求。满足用户的未满足需求,是企业扩张的重要原因。

市场是否支持扩张?

多元化的市场条件可以从技术和资源的可得性(可行性)和市场的主体竞合关系(必要性)两个维度来考虑。

当从市场获得技术和资源的可能性高,而且市场的主体竞合关系以竞争为主的时候,企业进行多元化扩张的可行性和必要性都高。

		人		事
外	用户	1. 企业为什么要扩张(Why)?	市场	4. 市场是否支持扩张(Where)?
内	组织	2. 组织能否撑得住(Who)?	产品	3. 往什么方向扩张(What)?

组织能否撑得住?

维护组织运转的机制主要有三种:协调、监督和标准化。

创业阶段主要机制是协调,成长阶段引入监督机制。当企业规模进一步增长时,仅仅靠协调和监督就不够了。需要通过对工作输入(事前)、工作流程(事中)和工作输出(事后)的标准化以提高工作效率。

往什么方向扩张?

沿着"是否已做"和"是否应做"两个维度分析,可以把多元化的方向分为应做已做、应做未做、不应做已做、不应做未做四类。扩张的方向应以"应做未做"为主,避免向"不应做未做"的方向扩张。

至于什么方向是"应做",可以从业务的未来成长性和业务对当前财务的重要性两方面考虑。

扩张四问画布工具

为何扩张?

市场是否支持扩张?

使用方法

扩张分析： 在图的空白处，分析扩张阶段的企业有关用户、组织、产品和市场等要素的基本问题。

		人		事
外	用户	1. 企业为什么要扩张（Why）？	市场	4. 市场是否支持扩张（Where）？
内	组织	2. 组织能否撑得住（Who）？	产品	3. 往什么方向扩张（What）？

组织能否撑得住?

往什么方向扩张?

用户：扩张的动力

用户（扩张阶段）

扩张阶段用户的整体特征是"**存、多、补**"。

"**存**"是说累积用户的存量概念。
"**多**"是说多元需求诱发扩张。
"**补**"是说需求互补的重要性。

多元需求

1985年，迈克尔·波特提出了"价值链"的概念。30多年来，读者关注的主要是其中的"企业价值链"部分，而忽视了"买方价值链"的部分。

"走进用户的需求链"是小米的一个重要的战略。

如果把用户的多元需求和企业的产品结构联系起来，企业可以逐步满足用户的相关多元需求。

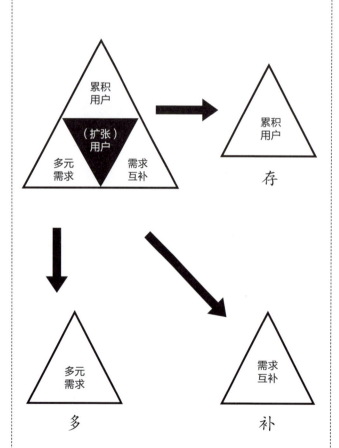

累积用户

随着数据技术和互联网技术日趋成熟，越来越多的企业开始重视用户终身价值。

影响用户终身价值的主要有两个因素，一是用户与企业发生交易关系的时间长度，二是用户与企业发生交易关系的空间广度。

需求互补

互补需求是指两种或多种需求往往产生于同一个场景下。当企业围绕相同用户群体在相同场景下的需求进行多元化时，需求互补性最高。

例如，当用户外出旅行时，可能既有交通的需求，也有住宿的需求，还有购物的需求。

组织：扩张的活力

组织（扩张阶段）

扩张阶段组织的整体特征是**"稳、职、强"**。

"稳" 是说创始人变得成熟稳重。
"职" 是说团队进入职业化阶段。
"强" 是说组织要有坚强的基础。

团队职业化

企业发展到一定阶段，仅靠创始团队的成长带领公司发展是不够的，需要引入职业化的高管团队。

应该从能力和愿景两个角度看职业化高管和创始人之间的关系。最好的配合是能力互补，愿景相同。

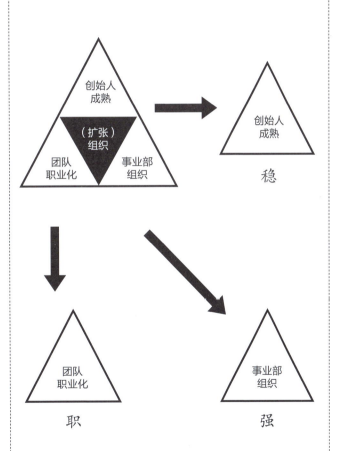

创始人成熟

创始人的成熟主要看两个方面，一个是对外部机会的把握，另一个是对内部管理的拿捏。

企业发展到扩张期／成熟期，创始人通常采用"中道"发展战略和"灰度"管理方法。通过在保守和冒险之间的平衡，寻找企业发展的方向。

事业部组织

事业部制设计的关键原则是：在纵向关系上，"集中政策、分散经营"。在横向关系上，"独立核算，等价交换"。

事业部制成败的关键是组织职权的适当划分和集权与分权的适当平衡。

事业部制是多元化企业通行的基本组织架构，阿米巴组织也是从事业部制变化而来的。

产品：扩张的能力

产品（扩张阶段）

扩张阶段产品的整体特征是"**联、互、摊**"。

"**联**"是强调产品的关联性。
"**互**"是强调营销的互动性。
"**摊**"是强调模式能摊薄成本。

关联营销

随着企业产品类型逐渐增加，需要在用户的头脑中建立起不同产品的联系。利用关联营销，通过各种渠道把企业的产品进行统一展示，在用户头脑中形成企业多元产品的整体概念。

海尔发布的智慧家庭解决方案，涉及客厅、厨房、浴室、卧室不同物理空间的多个生活场景，是围绕家庭场景的关联营销。

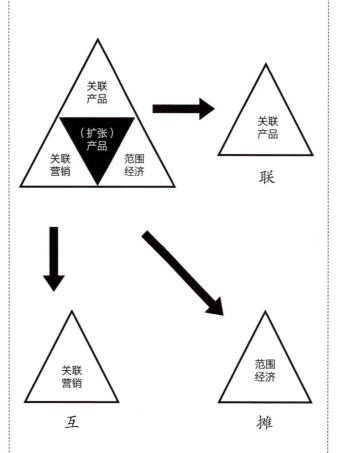

关联产品

关联产品背后的逻辑是"轮次收入"。

小米公司用高性价比的产品满足用户的核心需求（手机），形成流量入口，然后通过满足用户的附加需求（手机周边）盈利。随着用户升级需求的产生（智能硬件），形成进一步的流量入口，继而满足用户的连带需求（智能硬件耗材）。

范围经济

用户、组织、产品和市场要素都会带来范围经济。

用户愿意为整合起来效用更高的产品支付更高的价格。

组织管理经验以及员工的生产经验可以节约成本。

产品开发技术的成果可以用于多种产品的生产。

市场合作关系、资本优势等可以支持多种产品的销售。

市场：扩张的潜力

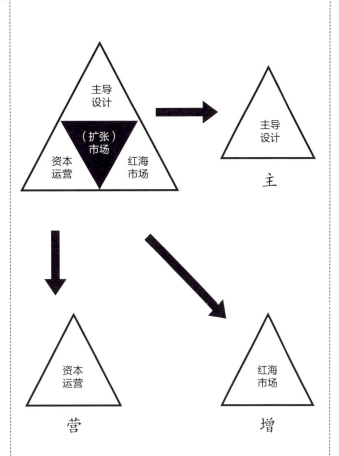

市场（扩张阶段）

扩张阶段市场的整体特征是**"主、营、增"**。

"主" 是说主导设计的主流地位。
"营" 是说资本市场的运营运作。
"增" 是说市场空间的增加潜力。

资本运营

在扩张阶段的企业通过投资并购，获取外部的组织、技术、产品和用户。通过转化吸收把这些外来的要素变成企业内部的组织、技术、产品和用户要素。

资本运营能够帮助企业迅速扩大累积用户的数量，获得市场上的主导设计地位，加快企业团队职业化进程，并享有范围经济带来的利益。

主导设计

当产业发展到一定阶段，主导设计会出现。主导设计是技术可能性与市场选择相互作用之下广为接受的技术。

成为行业主导设计的制定者，可以帮助企业在红海竞争中取得相对的垄断地位，使企业有能力打造围绕主导设计的关联产品，并围绕主导设计架构企业的事业部组织，以及满足用户的互补需求。

红海市场

市场的竞争程度取决于市场空间的大小和市场上竞争者的数量。

如果一个市场的用户增加速度很快，那么这个市场的潜在空间就比较大。如果一个市场上的企业数量增加也很快，那么即使在较大的市场空间内，企业之间的竞争也会比较激烈。

增益扩张阶段十二要点

用户

累积用户：与其发展新用户，不如开发累积用户终身价值。

多元需求：挖掘累积用户的多元需求，寻找新的增长点。

需求互补：满足累积用户的互补需求能够做到事半功倍。

市场

主导设计：主导设计的出现降低了技术不确定性，提高了技术的经济性。

资本运营：资本运营是企业扩张的必要市场手段。

红海市场：随着主要企业的增加，市场竞争日趋激烈。

使用方法

从12个要点思考扩张阶段的用户、组织、产品和市场。

可以利用后页的"增益扩张阶段战略画布"进行具体分析。

		人	事
外	用户	累积用户 多元需求 需求互补	市场：主导设计 资本运营 红海市场
内	组织	创始人成熟 团队职业化 事业部组织	产品：关联产品 关联营销 范围经济

组织

创始人成熟：创始人经历创业、成长的过程，日臻成熟。

团队职业化：如果创业团队无法跟上企业发展，就需要引入职业化高管团队。

事业部组织：随着业务多元化，逐渐形成事业部业务架构。

产品

关联产品：开发关联产品，才能更好满足用户的互补需求。

关联营销：关联产品自带流量，累积用户接受障碍低。

范围经济：关联产品可分摊研发、营销等相关成本，实现范围经济。

增益扩张阶段战略画布

累积用户	创始人成熟	关联产品	主导设计

多元需求	团队职业化	关联营销	资本运营

需求互补	事业部组织	范围经济	红海市场

增益扩张阶段战略画布（举例：阿里巴巴，2007～2013年）

累积用户	创始人成熟	关联产品	主导设计
2007年6月，阿里注册用户2460万，付费会员25.5万，2005年增长83%，2006年增长55%。阿里累积用户支撑推动上市和B2C。 淘宝累积用户支撑推动了C2B时代到来。	对上市时机的把握。 对大趋势的判断。如，对第三方支付企业必须100%为内资的判断。 在董事会和股东不同意的情况下，拆解支付宝的VIE结构。 建立争夺业务增长与规范管理的平衡。	阿里巴巴、淘宝、支付宝、阿里软件、中国雅虎、阿里云、中国万网。 当业务海量增长时，必须控制性地发展业务。 2013年布局物流，做菜鸟。 2013年，做余额宝。	"不懂技术，要懂判断技术"。 菜鸟成为物流行业主导设计。 淘宝成为C2C行业主导设计。 天猫成为B2C行业主导设计。

多元需求	团队职业化	关联营销	资本运营
"双十一"在消费者和商家之间，发现、创造、拉动和完成需求。 淘宝、天猫、一淘、聚划算、口碑。	"正因为我不懂技术，我们公司技术才最好"。 2010年，实行合伙人制度，"由合伙人提名董事会中大多数董事人选"。 2011年公司诚信反腐，CEO卫哲辞职。	农村包围城市（中小网站、《天下无贼》）。 准备投放1亿元广告，被eBay抢先，冻结7个月的市场预算，"让对手先教育市场"。 打败最大的竞争对手就是最好的宣传。	2007年11月阿里B2B香港上市，赶在金融危机前上市，筹集大量资金。 2010年，支付宝内资化，拆VIE结构。

需求互补	事业部组织	范围经济	红海市场
交易流、资金流、数据流、信息流、物流。 "大淘宝战略"满足互补性强的需求。 大的供应平台降低小企业多元化的需求。	2011年，淘宝一拆三（淘宝商城、一淘、淘宝网）；阿里集团一拆七（淘宝网、一淘、天猫、聚划算、国际业务、小企业业务、阿里云）。 2013年，7拆25。	2009年，造节"双十一"。 购物页面增加天猫、聚划算、一淘的选项。 增加菜鸟智能物流选项。 在阿里用户群里推广来往。	面临着来自京东、当当、亚马逊、苏宁等各类垂直电商，以及网易考拉、唯品会等细分电商的挑战，电子商务领域的竞争日益激烈。

转型

第 7 章

病树前头万木春

转型,

如人之重生,

融合了苦难和辉煌。

转型者,

要审时度势,

砥砺前行

转型四问

为何转型?

任何企业都难免进入衰退期,之所以有些企业能够长盛不衰,不是因为这些企业的"基业长青",而是因为他们会在适当时机进行转型。

成功转型的前提是理解用户"真正的"和"潜在的"需求。例如,苹果公司把手机视为移动计算中心,而不是通信设备,从而重新定义了手机。

转型的市场环境如何?

企业不是孤立存在的,企业的市场环境可以用"价值网"来表示。价值网是企业在创造价值、传递价值和获取价值过程中形成的价值网络。这个价值网络里的利益相关方不仅仅有企业自己,还包括企业的供应商、用户、竞争者、互补者等。

企业转型应该是和价值网一起协同转型,这也是为何很多企业在转型的同时,重塑商业生态的原因。

		人	事	
外	用户	1. 企业为什么要转型(Why)?	市场	4. 转型的市场环境如何(Where)?
内	组织	2. 组织能否转得了(Who)?	产品	3. 转型方向是什么(What)?

组织能否转得了?

组织惰性是一种固化于组织之中的保持或维护现有工作活动模式与习惯的力量,表现为组织的内在活力和创新能力下降,组织成员缺乏主人翁意识。

企业在转型阶段,组织惰性和战略变革紧迫性往往处于双高的状态。组织既需要变革,又没有变革的动力。

转型方向是什么?

转型有两个基本方向:技术创新和模式创新。

技术创新是开发新技术或者把已有的技术进行创新应用。模式创新就是对企业创造、传递和获取价值的结构和流程进行创新。很多企业的转型是结合了技术创新和模式创新两种形式。

转型四问画布工具

| 为何转型？ | 转型的市场环境如何？ |

使用方法

转型分析： 在图的空白处，分析转型阶段的企业有关用户、组织、产品和市场等要素的基本问题。

		人		事
外	用户	1. 企业为什么要转型（Why）？	市场	4. 转型的市场环境如何（Where）？
内	组织	2. 组织能否转得了（Who）？	产品	3. 转型方向是什么（What）？

| 组织能否转得了？ | 转型方向是什么？ |

用户：转型的原因

用户（转型阶段）

转型阶段用户的整体特征是**"非、潜、变"**。

"非" 强调重识用户而非固守旧认知。
"潜" 强调挖掘潜在需求的重要性。
"变" 是说需求升降的不断变化性。

潜在需求

现实需求是用户有购买力，且企业有产品能力的用户需求，而潜在需求是用户有购买力，但企业没有产品能力的用户需求。

着眼于现实用户的现实需求，低成本和差异化往往无法兼顾。但是，如果着眼于潜在用户的潜在需求，就可能同时实现低成本和差异化。

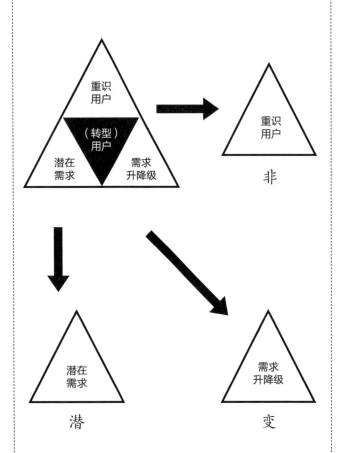

重识用户

转型阶段最重要的事情是重新认识用户。

企业经历创业、成长、扩张等阶段，往往对已有用户非常熟悉，但也可能被用户"套牢"，而忽视了"非用户"群体。

转型企业需要重新认识现有用户，重新审视非用户的需求。

需求升降级

供给和需求的不匹配是商业机会的根本来源，很多情况下的不匹配不是供给或需求的总量不足，而是结构的不匹配。

一方面，可以通过需求的降级或供给的升级达到匹配（如，智能手机取代传统手机）。另一方面，可以通过需求的升级（如，创造结婚戴钻石的风尚）或供给的降级达到匹配（如，拼多多）。

组织：转型的关键

组织（转型阶段）

转型阶段组织的整体特征是**"复、创、熵"**。

"复" 强调对创始人精神的再重视。
"创" 强调团队创新创业精神。
"熵" 强调去除组织惰性。

团队创客化

"员工创客化"是海尔 CEO 张瑞敏提出的，分为三方面：第一是自主创业，第二是在线和在册创业，第三是自演讲机制。

和创始人精神类似，员工的创客精神在企业的创业和成长阶段比较高，在扩张和衰退阶段比较低。激发员工的创客精神，是企业转型的关键步骤。

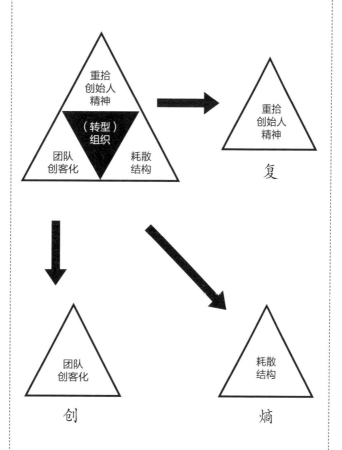

重拾创始人精神

创业阶段，由于企业的发展昂扬向上，创始人精神状态也比较好。

成长阶段，随着企业的快速成长，创始人精神开始被繁琐的管理工作所消磨。

扩张阶段，创始人精神经过消耗，已经降到较低水平。

转型阶段，如何重拾创始人精神，是创始人的首要任务。

耗散结构

"耗散结构"的概念来自热力学第二定律。在"耗散结构"里，系统通过不断和外界进行能量交换，产生"负熵"，维持系统的持续运转。

任正非在华为内部非常明确地提出要建立"耗散结构"。任正非说，华为一定要把管理中产生的剩余能力耗散掉。这就好比每天去锻炼身体，把身体里多余的能量耗散掉，把肌肉练得更发达一样。

产品：转型的基石

产品（转型阶段）

转型阶段产品的整体特征是**"类、心、共"**。

"类" 强调要做到产品品类创新。
"心" 强调营销要占领用户心智。
"共" 强调商业模式要实现共赢。

品类营销

创业阶段产品满足小众用户对"品味"的需求；

成长阶段产品满足大众用户对"品质"的需求；

扩张阶段产品满足主流用户对"品牌"的需求；

转型阶段产品满足新用户对"品类"的需求。

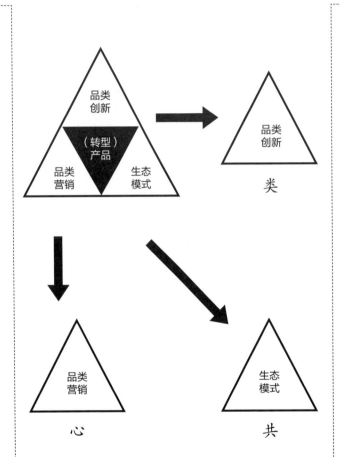

品类创新

创业阶段的产品创新是"人无我有"；
成长阶段的产品创新是"人有我优"；
扩张阶段的产品创新是"人优我廉"；
转型阶段的产品创新是"人廉我特"。

生态模式

转型阶段企业的商业模式是"体"状商业模式（参见前文的"点、线、面、体"模式）。

苹果公司以电脑业务为起点，通过出品不同类型的电脑，形成电脑业务线。以电脑为平台，苹果公司开创了版权分享平台iTunes，推出了iPod，打造了以苹果为核心的面。随即，通过iPhone、iPad、Apple TV 等产品的推出，形成了苹果生态体。

市场：转型的环境

市场（转型阶段）

转型阶段市场的整体特征是**"革、前、冰"**。

"革" 强调范式变革重大的基础变化。
"前" 强调公司创投面向未来的性质。
"冰" 强调蓝冰市场有待开发的特点。

公司创投

公司创投在企业转型中有几个重要作用。

首先，公司通过新创企业满足新创企业用户需求。其次，投资于新创企业有利于企业获得新的创新产品。再次，新创企业独立于公司自身的组织架构，可以采取不同的激励措施而不会影响到公司的组织。最后，公司通过设立创投机构，可以引入外部资源。

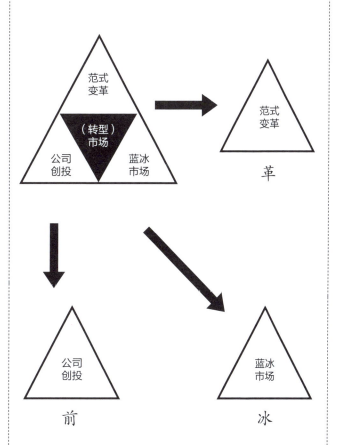

范式变革

科学范式变革指的是科学从一个科学范式向另一个科学范式的转换。和科学范式变革类似的，还有技术范式变革、社会范式变革和商业范式变革。

技术/商业范式变革的影响程度相对较小，而科学/社会范式变革的影响程度非常大。

蓝冰市场

"蓝冰市场"代表着一个有待开拓，且蕴藏着巨大发展潜力的崭新领域。"蓝"指的是该领域具备巨大的发展潜力，"冰"指的是该领域需要持续投入较多的时间、精力与资源去开拓。

一旦破冰成功，蓝冰市场将成为下一个蓝海市场。

升益转型阶段十二要点

用户

重识用户：重新认识现有用户，重新发现非用户。

潜在需求：着眼于非用户的潜在需求，实现价值创新。

需求升降级：解决供需不匹配，形成供需新平衡。

市场

范式变革：抓住范式变革大机遇，顺应市场发展大趋势。

公司创投：投资小企业，抓住大未来。

蓝冰市场：长风破浪会有时，直挂云帆济沧海。

使用方法

从12个要点思考转型阶段的用户、组织、产品和市场。

可以利用后页的"升益转型阶段战略画布"进行具体分析。

		人	事
外	**用户** 重识用户 潜在需求 需求升降级		**市场** 范式变革 公司创投 蓝冰市场
内	**组织** 重拾创始人精神 团队创客化 耗散结构		**产品** 品类创新 品类营销 生态模式

组织

重拾创始人精神：重温创始人精神，创造更大成功。

团队创客化：克服组织惰性，激发员工创新创业精神。

耗散结构：建立开放系统，耗散组织多余能量。

产品

品类创新：创新产品品类，形成细分市场垄断。

品类营销：占领用户对新产品品类的心智认知。

生态模式：围绕企业核心产品和能力，共创共演共赢。

升益转型阶段战略画布

重识用户	重拾创始人精神	品类创新	范式变革

潜在需求	团队创客化	品类营销	公司创投

需求升降级	耗散结构	生态模式	蓝冰市场

升益转型阶段战略画布（举例：阿里巴巴，2013年之后）

重识用户	重拾创始人精神	品类创新	范式变革
C端用户市场发展空间越来越窄，从交易本身到互联网+（互联网金融、智能家居、大健康、大娱乐）。 从服务消费者转变为服务商家。	面对微信的挑战（我原以为腾讯会去摇晃运营商，没想到它最后摇晃的是我们），力推来往，后来失败。 卸任CEO，超越战略。 《穿布鞋的马云》。	余额宝（合法性受到质疑、来自传统银行业的打压）。 支付宝面临微信支付的挑战。 阿里云。	大平台、大数据、大计算、大应用。 阿里云和YunOS的提前布局满足余额宝、双11等大规模交易对海量数据处理在技术和成本方面的需求。
潜在需求	**团队创客化**	**品类营销**	**公司创投**
供需端的消费升级。 一般用户对零散资金需求。 对移动业务的需求，消费者的连接方式。 中小企业获得以先进技术实施信息化的便捷途径，供应链升级（企业级SaaS）。	一线业务总裁70后化。 管理团队年轻化（60后退出，交给70后、80后的领导者）。 为年轻有想法的员工提供上升通道的想象空间，"与其跳出去自主创业，不如考虑留下来内部创业"。	成为"互联网+商业"的标杆和标准，代言新零售。	2014年阿里集团在美国上市。 并购与大数据发生强关联的公司。 通过阿里资本以投资、控股、参股等形式先后投资新浪微博、快的、陌陌、高德等。
需求升降级	**耗散结构**	**生态模式**	**蓝冰市场**
从IT到DT。 从网络到移动网络。 从信息到AI。	成立无线事业部。 把大公司拆成小公司运营，成立战略决策委员会和战略管理执行委员会。 以股权投资的形式，打造网络式生态体系。	阿里通过公司创投布局搜索、即时通信、物流、地图、团购、打车、旅游、百货、影视、音乐、教育、智能硬件、数据等领域，培育一个开放、协同、繁荣的电子商务生态圈。	以互联网加传统行业的理念，开拓诸如互联网金融（余额宝）、企业级SaaS（阿里钉钉）等蓝冰市场。

系统

08 第8章

系统

同舟共济扬帆起
乘风破浪万里航

——《淮南子》

共演战略的系统性

系统

任何一个系统都包括三种构成要件：要素、连接、目标。

共演战略系统

要素：共演战略系统有用户、组织、产品、市场等四个战略要素。

连接：共演战略系统的连接关系分为两类，要素间的连接和要素内部要点间的连接。

目标：共演战略的要素、要点连接在一起，目的是实现企业的战略目标。

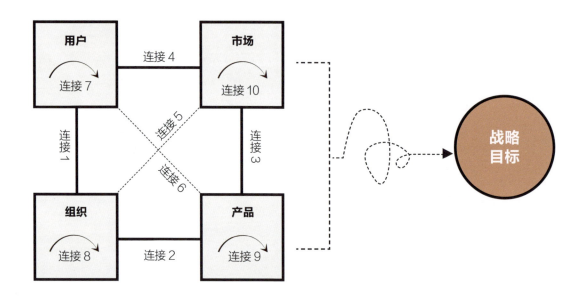

微软的"未来之路"

比尔·盖茨在《未来之路》中提到,在微软发展的早期,市面上有三种操作系统供 IBM 个人计算机预装——微软的 MS-DOS(IBM 称之为 PC-DOS)、CP/M-86 和 UCSD Pascal P-System。三个系统中只有一个能成功。

为了成功,微软在战略四要素每个方面都做了工作。

用户: 使 MS-DOS 成为最符合用户需求的产品。
组织: 帮助别的公司编写以 MS-DOS 为基础的软件。
产品: 利用规模经济原理降低 MS-DOS 成本。
市场: 和 IBM 利益捆绑在一起,借助 IBM 推广 MS-DOS。

起初,IBM 提供三种操作系统:UCSD Pascal P-System 售价约 450 美元,CP/M-86 售价 175 美元,MS-DOS 售价 60 美元。

最终,微软的系统性战略思维起了作用。用户、组织、产品、市场要素之间的正反馈循环,使微软成为 PC 软件霸主。

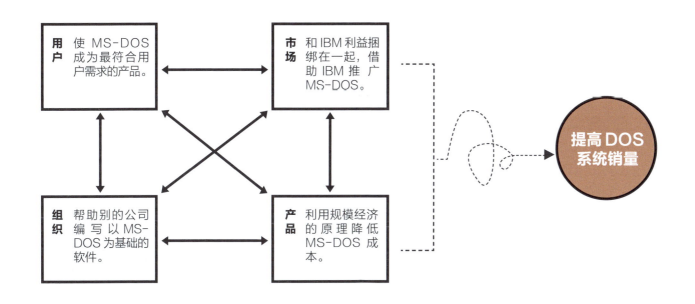

反馈：系统的运行机制

动态反馈回路机制

系统的运行主要靠的是动态反馈回路机制。一个动态反馈回路，就是一条闭合的因果关系链，从某一个存量出发，并根据存量当时的状况，经过一系列决策和行动，影响到与存量相关的流量，继而反过来改变了存量。

如右图，在存量和流入量之间，以及存量和流出量之间，分别有一个反馈机制，一旦实际存量水平低于预设的水平，系统就会启动一个修正调节的过程，或者调高流入量，或者调低流出量。

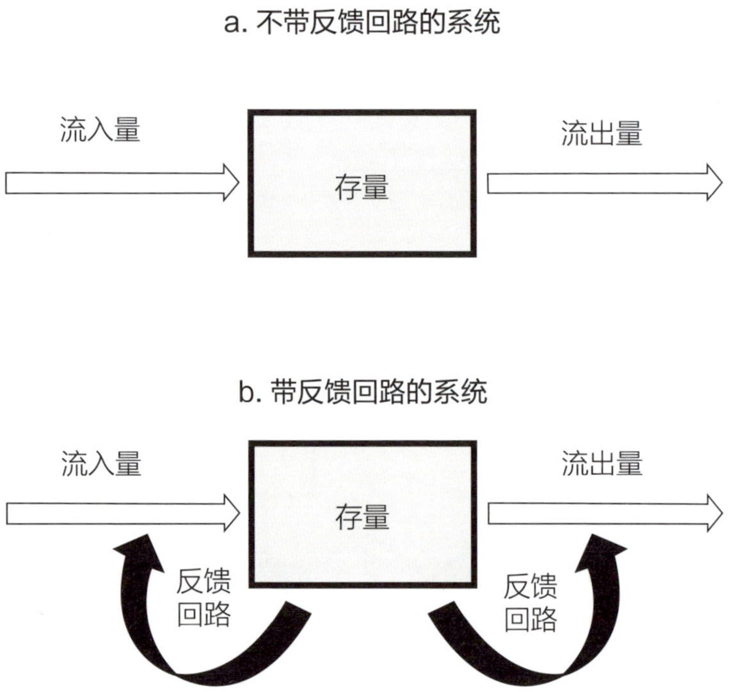

a. 不带反馈回路的系统

流入量 → 存量 → 流出量

b. 带反馈回路的系统

流入量 → 存量 → 流出量

反馈回路   反馈回路

共演战略系统的反馈回路

在共演战略系统内,信息、资源、价值等会在用户、组织、产品、市场等战略要素之间流动。要素之间的子系统由存量、流量和反馈回路组成。

例如,员工会从组织要素流出,流入到产品要素中不同的方面(如:产品开发、营销推广和业务模式),组织要素和产品要素都会有一个关于员工的存量,随着目前的存量和目标存量之间偏差的变化,信息就会反馈到系统的相关部分,对流量进行调节。

再如,企业通过产品创造用户价值,用户价值从产品要素流出,流入用户要素。如果用户价值存量过高,或者说用户需求被过度满足,信息就会反馈到用户要素和产品要素间的交换机制中,降低过高的用户价值,避免企业因过度满足用户需求而被颠覆。

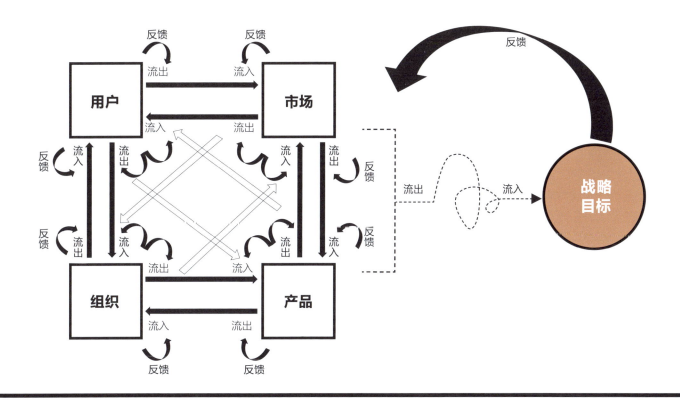

增强回路和调节回路

两种反馈回路

系统中一般有两种反馈回路,一种是**增强回路**,另一种是**调节回路**。

增强回路的作用是不断放大和强化原有的发展态势,自我复制,就像滚雪球。例如:如果电视节目质量好,就会提高收视率,进而提高广告商的满意度,带来更多收入,节目制作者也会因为收入上升而加大投入,进一步提高电视节目质量。

调节回路的作用是使存量水平保持稳定,趋于一个目标进行调节或者校正。例如:当你向杯中倒咖啡的时候,会有一个目标水位,你的眼睛会一直关注杯中水位的上升,同时评价着目标水位和实际水位的差距,并对倒咖啡的肢体动作进行控制。

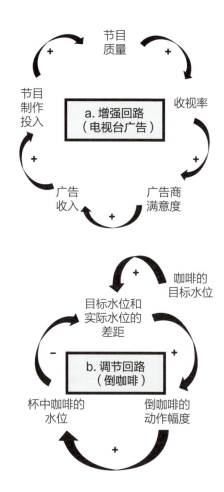

Wintel 联盟

微软和英特尔的 Wintel 联盟为两家巨头企业带来了长期的高额利润，其中就有增强回路效应在发挥重要作用。

微软商业模式的核心就是扩大微软操作系统和应用软件的装机量。英特尔商业模式的核心就是扩大英特尔芯片的使用量。微软和英特尔形成了 Wintel 联盟，在两个公司的业务系统之间构造了一个增强回路。也就是说，硬件水平的上升会带来用户对软件性能升级的需求，而软件的升级反过来又让用户产生了对硬件新的需求。

每家公司的业务系统内部也是一个增强回路。例如，微软的系统软件采用较低定价水平的策略，因为系统软件价格的下降会造成软件销售量的上升，为微软提供高额的利润，这些利润被用来投资新的操作系统，用户更新操作系统后，增加了微软操作系统的存量和性能，同时刺激了配套软件的开发，吸引了更多的用户，用户多了之后，操作软件就能以更低的价格出售。

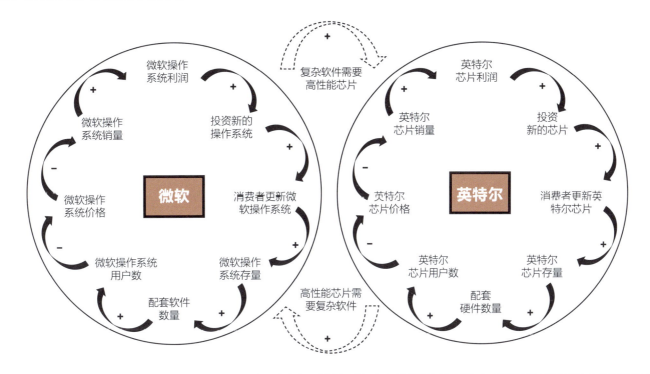

共演战略四要素间的协同关系

四要素间的逻辑关系

首先，应从用户开始理解共演战略要素间的关系，创业者和企业家可以根据用户需要和需求判断经济发展的未来趋势。

其次，通过了解市场上已经有什么产品和服务，识别市场空白和机会。

再次，在市场机会中挑选自身能够把握的机会，确定企业未来发展的大致方向。

最后，把确定的企业发展方向落实到员工和团队的具体行动中，形成企业的行动方案。

阿里巴巴案例

用户需求看趋势。创业之初，马云在和美国公司的一次谈判中，认识到互联网能够帮助人们搜索信息，意识到用户需要互联网的趋势。

市场供给看机会。马云在美国西雅图第一次使用互联网时，发现当时还搜索不到任何一条关于中国的信息，意识到中国没有互联网的事实，互联网的机会之门向马云打开了。

企业能力选方向。1995年，马云成立了中国第一家商业网站"中国黄页"，主要业务是向国内企业推广互联网。之后几年，经过一系列的探索，马云清楚地意识到电子商务是自己能干的事情，找到了方向。

组织落实定方案。有了方向，马云接下来干的事情就是组织队伍了。除了创业时的十八罗汉，马云很快吸引了一些关键人才，逐步发展出了一系列业务。

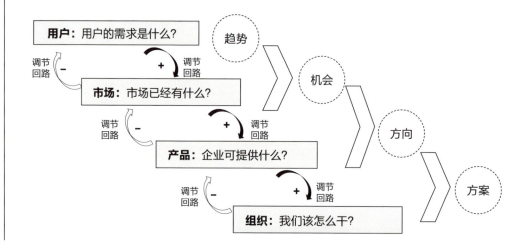

共演战略要素协同的目标

用户

1. **创业期**，发现天使用户需求爽痛点，与现有竞品差异化；
2. **成长期**，识别大众用户的普遍需求，跨越用户需求鸿沟；
3. **扩张期**，满足累积用户的多元互补性需求；
4. **转型期**，扩展视野，深度挖掘非用户潜在需求。

市场

1. **创业期**，投入初始资本并采用创新性技术，开发混沌市场；
2. **成长期**，引入外部资本和采用成长性技术，抢占蓝海市场；
3. **扩张期**，通过资本运营和采用主导设计，在红海市场占据一席之地；
4. **转型期**，通过公司创投和技术范式变革，创造蓝冰市场。

使用方法

从 12 个要点思考共演战略四要素用户、组织、产品和市场在四个时期的协同机制。

		人		事	
外	用户	如何通过满足用户需求成为目标用户的选择？	市场	如何在市场竞合中把握趋势，获得和运用资本资源？
内	组织	如何通过组织管理激发全员活力、完善组织？	产品	如何开发、提供、推广和经营产品，创造和获取价值？

组织

1. **创业期**，创始人带领创业团队打造扁平组织；
2. **成长期**，创始人成长，团队实现专业化，打造层级组织；
3. **扩张期**，创始人个人作用淡化，团队职业化，打造事业部组织；
4. **转型期**，创始人作用重新加强，打造耗散结构组织。

产品

1. **创业期**，通过开发 MVP 和口碑营销，实现单点突破；
2. **成长期**，广告营销打造爆款产品，实现规模经济；
3. **扩张期**，通过多元产品的关联驱动，实现范围经济；
4. **转型期**，通过品类创新和品类营销，实现生态经济。

用户要素内部协同机制

用户要素的内部协同

用户要素的三个要点包括**用户特征**、**用户需求**和**用户选择**。**用户要素**内部协同的目标是通过满足用户需求，成为目标用户的选择，使得用户特征、需求和选择一致起来。

不同阶段用户要素的内部协同

在企业发展的不同阶段，用户特征、用户需求和用户选择之间的协同会发生变化。

在**创业期**，企业的用户主要是少而精的天使用户，产品所针对的主要是用户的爽痛点需求，对需求的把握要做到精且准，所强调的主要是和现有竞品的差异性。

在**成长期**，企业需要利用大众用户的从众心理，满足数量更多的大众用户注重实用性的普遍需求，跨越天使用户向大众用户过渡的需求鸿沟，形成规模经济。

在**扩张期**，企业已经积累了一定数量的用户，取得了用户的信任，在满足用户基本的实用性需求基础上，企业还要挖掘累积用户的多元化需求，通过需求的演进和多元需求的相互加强，形成范围经济。

在**转型期**，企业赖以发展的用户需求基础可能已经发生了质的变化，企业需要深度挖掘用户的潜在需求，警惕累积用户给企业发展带来的局限，避免过度满足用户需求，抓住需求升级的大趋势，完成向下一条用户需求曲线的跨越。

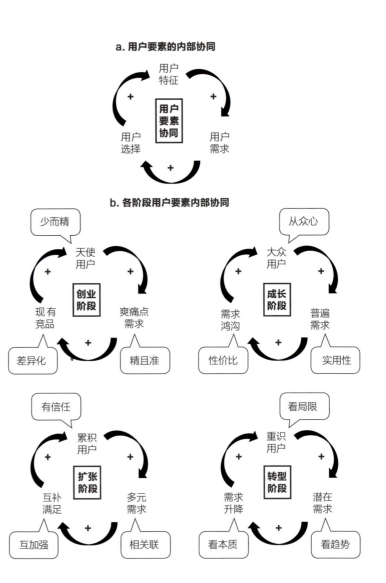

用户要素内部协同机制
案例：小米

小米各阶段用户要素内部协同

在小米公司发展的不同阶段，用户特征、用户需求和用户选择的内部协同都发生了很大的变化。

在创业期，小米的天使用户主要是一些手机发烧友，他们因为小米MIUI的易用性和参与感成为铁粉。这些用户对体验的要求高，但他们也能积极参与和小米的互动，并在吐槽过程中实现自传播。

在成长期，小米的大众用户是首次使用智能手机的年轻人，小米通过建社群的方式把年轻人组织起来。这些用户对性价比要求高，因此青睐中低售价的小米手机。同时，年轻人追求时尚，推动了小米的时尚风。

在扩张期，小米把用户群扩大到一二三线城市的中产阶级，为他们提供质高价优的智能设备。这些用户喜欢容易选择的优质产品，小米自建的渠道发挥了重要作用。

在转型期，小米注意到了纯互联网模式以及原有产品定位的局限，开始针对中高收入人群主推智能硬件产品，满足中高端用户对产品品质的要求，而不是单纯强调性价比。为此，小米也开始补足自己的技术短板，推出全面屏手机和利用自有芯片的手机等产品。

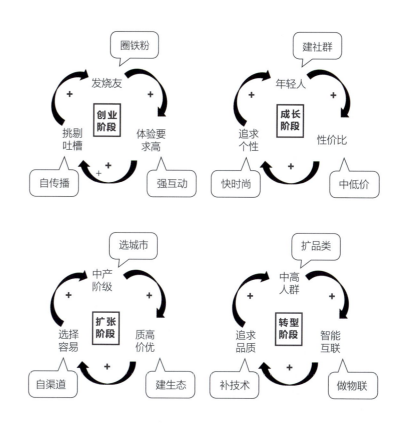

组织要素内部协同机制

组织要素的内部协同

组织要素包括**领导者**、**团队员工**、**组织管理**三个要点。组织要素内部的协同目标是通过恰当的组织结构设计激发包括领导者、(团队)员工在内的全员活力。

不同阶段组织要素的内部协同

在企业发展的不同阶段，领导者、团队员工和组织管理之间的协同会发生变化。

在**创业期**，创始人凭借自己的能力和高风险承担倾向开始创业，吸引相互信任和能力互补的创业合伙人和早期员工。创始人带领扁平化的创业团队，依靠个人魅力和创业激情推动组织发展。

在**成长期**，团队通过学习逐渐实现专业化，层级组织结构逐步形成，创始人的认知升级是推动企业发展的主要动力。

在**扩张期**，企业规模不断膨胀，依靠创始人个人能力推动企业发展已经不现实，创始团队的成长也不一定能够满足企业发展，需要引入职业化的经理人团队，随着业务发展，企业多呈现事业部的组织形态。

在**转型期**，由于外部环境的变化和挑战的出现，重拾创始人精神通常是领导企业跨越转型障碍的重要力量，而趋于僵化、封闭的组织结构也被转型后形成的灵活、开放组织结构所代替，通过团队创客化克服组织惰性，建立耗散结构激活组织。

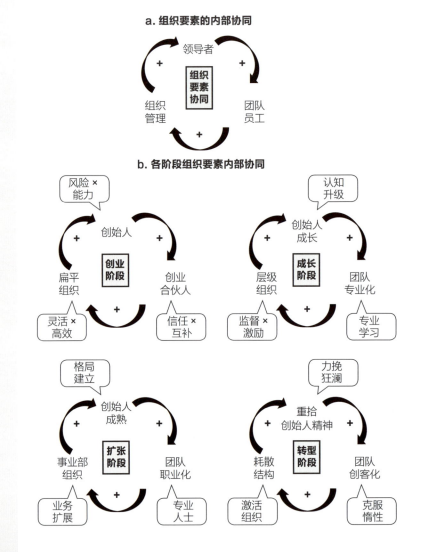

组织要素内部协同机制
案例：小米

小米各阶段组织要素内部协同

在小米公司发展的不同阶段，创业者、团队员工和组织管理的内部协同都发生了很大的变化。

在**创业期**，小米由7个超过40岁的老男孩创立。早期团队自我驱动力强，管理层向员工充分授权，营造了兄弟连的奋斗气氛。

在**成长期**，合伙人基于相互信任进行分工，独立拥有自己负责项目的决定权。公司不断引入专业人才，补齐管理上的短板。逐渐形成合伙人、管理层和员工的三层组织，充分发挥了各种激励的作用。

在**扩张期**，利用小米生态链的合作方式，在一些未来有潜力的方向上布局。虽然扩张迅速，但不主要通过KPI的形式管理。在扩张过程中，组织也面临了快速膨胀的困境。

在**转型期**，小米重新调整战略，抓住手机等核心产品，补齐线下渠道和供应链的短板。组织人员过万，开始出现一些管理沟通障碍，通过各种激励措施激发组织活力。生态组织形式初步形成，精细化管理提上日程。

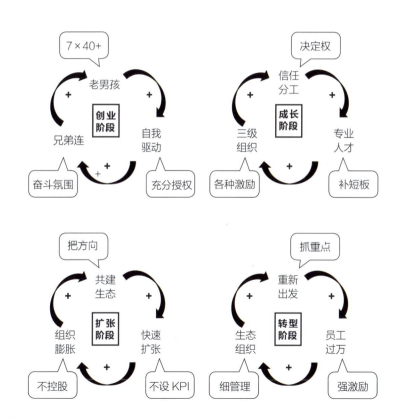

产品要素内部协同机制

产品要素的内部协同

产品要素包括**产品开发**、**营销推广**和**商业模式**三个方面。产品要素内部的协同目标是通过开发、推广和经营业务创造和获取商业价值。

不同阶段产品要素的内部协同

在企业发展的不同阶段,产品开发、营销推广和商业模式之间的协同会发生变化。

在**创业期**,企业通常需要通过快速迭代的方式打造MVP,并通过口碑营销来检验产品和市场需求的匹配,打造围绕核心产品的单点突破商业模式。

在**成长期**,企业往往为了抓住发展机遇,通过营销推广等手段把核心产品打造成爆款产品,迅速扩大用户量,摊销固定成本,实现规模经济。

在**扩张期**,依靠企业创业时形成的核心产品已经难以维持企业的继续发展,这时企业需要围绕核心产品进行相关多元化,利用产品关联驱动实现范围经济。

在**转型期**,企业需要找到能够帮助企业进入下一个发展周期的新品类产品,完成产业升级,进入新的价值网络,发挥产品的正反馈效应,力争实现生态经济。

a. 产品要素的内部协同

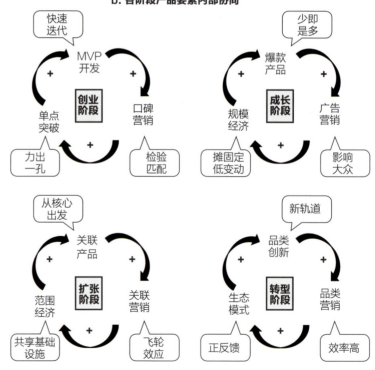

b. 各阶段产品要素内部协同

产品要素内部协同机制
案例：小米

小米各阶段产品要素内部协同

在小米公司发展的不同阶段，产品开发、营销推广和商业模式的内部协同都发生了很大的变化。

在**创业期**，小米产品以 MIUI 为主，通过快速迭代开发产品。创业期的产品主要是在粉丝社群中通过口口相传方式推广。从软件切入后，小米逐渐转到硬件开发上。

在**成长期**，小米手机从中端产品切入，后来覆盖了低端市场，目的是抢占年轻人第一部智能手机的风口。由于生产能力有限，形成单品爆款和"饥饿营销"的印象。

在**扩张期**，通过打造生态链产品线的模式，切入多个单品海量市场。通过自建营销渠道积累数据，为数据化转型打下基础。飞轮效应商业模式为小米构建了产品间良好的关联互动关系。

在**转型期**，小米开始发力开发较为高端的手机，同时补足线下渠道的短板，以提升用户体验。小米商业转型的方向是营造智慧物联的场景，让小米的产品在生活和工作场景中互联互通。

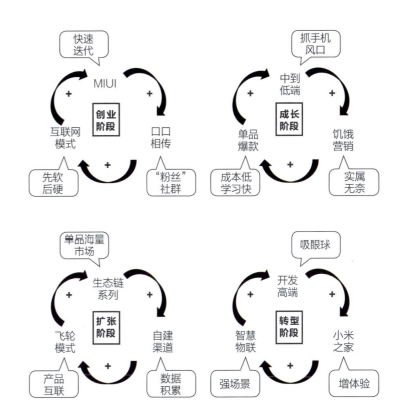

市场要素内部协同机制

市场要素的内部协同

市场要素包括**技术趋势**、**资本资源**和**市场竞合**等要点。市场要素内部的协同目标是在市场中获得所需资本、资源和技术，并在市场竞争与合作中处于有利地位。

不同阶段市场要素的内部协同

在企业发展的不同阶段，技术趋势、资本资源和市场竞合之间的协同会发生变化。

在**创业期**，企业利用创新性技术切入市场，并利用初始资本在混沌市场上占据一席之地。

在**成长期**，企业利用成长性技术的上升趋势实现指数级增长，通过小步快跑式精益融资，在蓝海市场中乘着行业发展的东风快速前行。

在**扩张期**，企业的目标是在细分市场占据垄断地位，并凭借在市场中的优势地位，通过并购进行扩张，在红海市场中赢得竞争。

在**转型期**，企业往往需要通过范式变革，抓住大的发展机遇，同时通过公司创投等形式投资未来可能的发展轨道，利用公司的体量优势在蓝冰市场中破冰前向，开辟新航道。

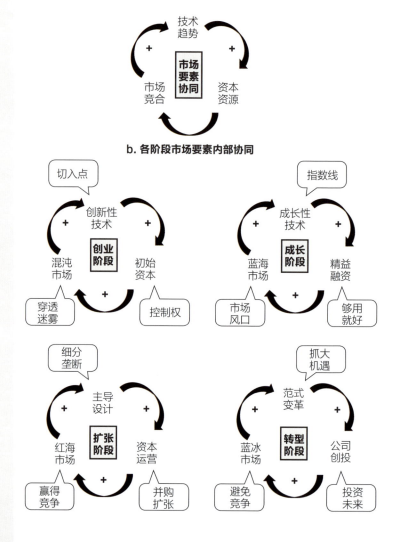

市场要素内部协同机制
案例：小米

小米各阶段市场要素内部协同

在小米公司发展的不同阶段，**技术趋势**、**资本资源**和**市场竞合**的内部协同都发生了很大的变化。

在**创业期**，移动互联时代的到来是最明显的技术趋势，雷军的创业明星背景和晨兴资本的加持，为小米早期发展提供了充裕的资金。当时，低端智能手机市场有很大的空白，为小米的发展提供了宝贵的空间。

在**成长期**，小米早期积累的 MIUI 经验为制造手机提供了软硬件一体化的优势，随着手机业务的快速发展，小米显示出了强大的融资能力。同时，取得了和富士康等关键供应商的合作，为优质低价产品打下基础。

在**扩张期**，小米抓住了智能互联的风口，估值一度达到 450 亿美元，成为全球瞩目的独角兽企业。同时，生态链的发展为小米提供了广泛的合作关系网络。

在**转型期**，小米开始顺应消费升级的趋势，为年轻用户提供新一代换代手机。在资本市场趋冷的一段时间，小米利用经营利润实现内生发展。同时，由于手机行业竞争日趋激烈，小米生态链的优势开始显现。2018 年 5 月，小米提交了上市申请。

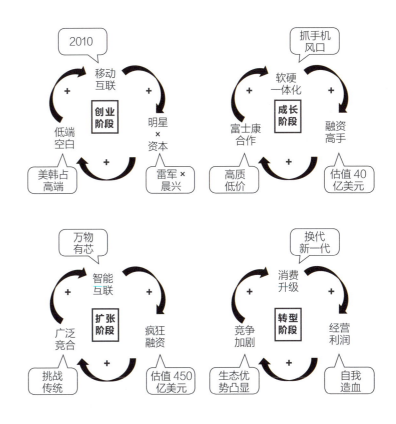

要素间协同的基本原则

四项原则

在企业发展的各个阶段,用户、组织、产品、市场四要素之间的协同,需要遵循四项原则。

① **用户中心原则**。组织、产品和市场要素的发展要和用户要素相一致和协调,以用户为中心,符合用户特征,满足用户需求,成为用户的选择。

② **组织熵减原则**。企业在发展过程中,要不断耗散组织惰性,"以用户为友、以市场为镜、以产品为本"。

③ **产品为本原则**。企业发展过程中,要坚持以匠心打造产品,并以优质的产品去满足用户需求,支撑组织发展和赢得市场地位。

④ **市场导向原则**。企业是否能满足用户需求,产品是否能赢得竞争,组织是否能长久,最终都要接受市场的检验。

六个机制

用户、组织、产品、市场四要素之间的协同机制如下。
① **用户 vs. 组织**:组织存在的唯一目标是创造用户价值。
② **用户 vs. 产品**:产品是创造用户价值的主要手段。
③ **用户 vs. 市场**:从市场角度考虑用户价值的创造。
④ **组织 vs. 产品**:以组织变革推动业务创新。
⑤ **组织 vs. 市场**:通过组织变革适应市场环境变化。
⑥ **产品 vs. 市场**:市场是检验产品的唯一标准。

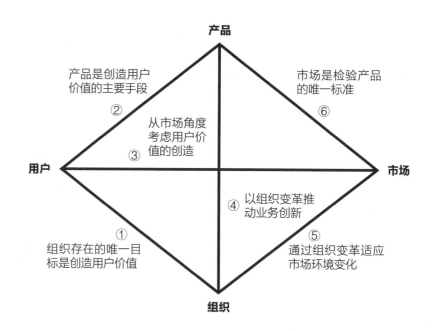

要素间的协同逻辑（以用户要素和其他要素协同的视角）

要素 协同目标	要素 协同逻辑
用户和组织协同	1 创业期，领导者亲自研究用户特征、需求和选择，团队员工与用户密切互动，建立以用户为中心的组织管理。 2 成长期，领导者引领企业获得大众用户认同，团队员工为迅速增加的用户提供优质服务，组织架构有利于迅速沟通、快速反应，赢得大众用户。 3 扩张期，领导者根据用户互补需求确定多元化方向，各事业部团队员工密切合作。 4 转型期，领导者根据变化的用户需求调整组织管理，推动团队员工发扬以用户为中心的精神。
用户和产品协同	1 创业期，根据用户需求，快速迭代开发产品，以产品本身的吸引力获取用户，不以产品本身盈利为主要目标。 2 成长期，持续优化"拳头"产品，利用用户口碑快速推广，实现用户数量增长，稳定现金流。 3 扩张期，围绕用户多元需求开发产品，利用产品间关联效应实现增长，区分吸引用户的流量业务和贡献利润的现金牛业务。 4 转型期，挖掘潜在用户和现有用户的潜在需求，尝试业务和技术的颠覆式创新。
用户和市场协同	1 创业期，挖掘天使用户能够提供的资本、资源和技术，尽量避免和现有企业竞争核心用户。 2 成长期，确保获得的资本资源能够支撑用户数量的快速增长，技术能支持以递减的成本服务大众用户，与相关企业互补合作，避免竞争白热化。 3 扩张期，利用能满足用户多元需求的资源和技术，注重产品满足用户需求的互补作用，避免自我竞争。 4 转型期，重视未满足和过度满足的用户需求，并相应调整资本资源、技术和竞合关系，以帮助企业开拓新的用户市场。

用户要素和组织要素协同画布（小米案例）

发展阶段	用户要素	组织要素	用户和组织要素协同
创业期	技术发烧友；对手机体验要求高；对原安卓系统不满意。	雷军等手机发烧友创立小米；员工共同投资；平层组织模式。	雷军亲自研究用户特征、需求和选择，团队员工与发烧友用户密切互动，员工为根据用户需求及时迭代产品昼夜加班。
成长期	首次使用智能手机的年轻人；性价比要求高；市场上选择少。	负责硬件的高管加入；员工自我驱动；三层组织结构。	雷军帮助小米树立"新国货"和"国民手机"形象，获得大众用户认同，团队员工为迅速增加的用户提供优质服务，同时靠自我驱动和约束控制成本。
扩张期	智能设备＋中产阶级；性价比＋时间稀缺；市场空白。	更多高管加入；营造小米企业文化；群体智慧和中层决策。	雷军根据用户对智能设备的互补需求确定多元化方向，打造参与感和尊重感的企业文化，强调多事业部的团队员工和"不控股"的生态链成员间的合作。
转型期	用户人群复杂化；产品需求差异大；竞品多，选择难。	雷军亲自掌控供应链；员工过万；推进精细管理。	用户需求复杂化、产品多元化、竞争加剧等因素造成供应链问题，创始人亲自掌控供应链，推动团队员工发扬以用户为中心的精神，并逐渐使用KPI等精细化管理手段。

用户要素和产品要素的协同画布（小米案例）

发展阶段	用户要素	产品要素	用户和产品要素协同
创业期	技术发烧友；对手机体验要求高；对原安卓系统不满意。	MIUI 迭代开发；发烧友口口相传；先做软件，再做硬件。	根据用户需求，快速迭代开发 MIUI，以产品本身的吸引力获取用户，不以产品本身盈利为主要目标，但为后续产品线扩张奠定基础。
成长期	首次使用智能手机的年轻人；性价比要求高；市场上选择少。	发布中低端手机；口碑营销；外包生产+互联网渠道+单品。	持续优化 MIUI，软硬件结合提高手机性价比，为手机用户的增长奠定良好基础，利用用户口碑和电商渠道快速推广，成为阿里和京东之后的第三大电商平台。
扩张期	智能设备+中产阶级；性价比+时间稀缺；市场空白。	小米生态链系列产品；米家平台；"科技界的无印良品"。	围绕用户对智能设备的多元需求开发产品，利用智能产品间关联效应和平台销售实现增长，突出高性价比免除用户货比三家的麻烦，有的产品走销量（如基本款移动电源）吸引用户，有的产品贡献利润（如高配版移动电源）。
转型期	用户人群复杂化；产品需求差异大；竞品多，选择难。	发布高端手机；小米之家体验店；明星广告，自主芯片。	挖掘潜在高端用户的需求和现有用户的潜在需求，使产品和用户需求更加匹配，通过小米之家让用户直接体验小米产品，凭借技术和渠道的持续创新寻找持续增长点。

用户要素和市场要素协同画布（小米案例）

发展阶段	用户要素	市场要素	用户和市场要素协同
创业期	技术发烧友；对手机体验要求高；对原安卓系统不满意。	安卓爆发前夜；雷军出资创业；发烧友参与MIUI开发。	发烧友代表着未来的用户需求和技术趋势，同时提供了开发MIUI所需的部分技术、检测能力。
成长期	首次使用智能手机的年轻人；性价比要求高；市场上选择少。	软硬一体化趋势；B、C轮快速融资；与低端手机竞争。	硬件开发需要大量资本，快速融资提供了手机研发和量产所需资本，随着手机零配件价格下降，同款手机在后期成本下降，保证了一定的利润率，中低端定位避开了苹果、三星等强势厂商的竞争。
扩张期	智能设备+中产阶级；性价比+时间稀缺；市场空白。	智能互联网趋势；D、E轮高额融资；扩大合作竞争范围。	顺应智能互联网的趋势，满足用户围绕手机的对智能产品的需求，大量融资使小米可以投资生态链企业，同时，一类产品只投一家企业，避免自我竞争。
转型期	用户人群复杂化；产品需求差异大；竞品多，选择难。	数据驱动消费趋势；自有资金补充现金流；高端市场竞合。	基于累积的智能设备用户，利用大数据细化用户画像，挖掘用户未满足的需求，针对不同层次的用户提供不同定位的产品，切入高端市场，获取较高利润。

组织要素和产品要素的协同画布（小米案例）

发展阶段	组织要素	产品要素	组织和产品要素协同
创业期	雷军等手机发烧友创立小米；员工共同投资；平层组织模式。	MIUI迭代开发；发烧友口口相传；先做软件，再做硬件。	雷军、洪峰等创始人亲自担任产品经理开发MIUI，团队员工密切合作从事开发、推广、服务和商业模式探索，产品团队和管理团队重合度高。
成长期	负责硬件的高管加入；员工自我驱动；三层组织结构。	发布中低端手机；口碑营销；外包生产+互联网渠道+单品。	周平光等有丰富手机硬件开发经验的高管加入，加速了小米手机的开发进度，用户的口碑传播促进了小米手机爆发式增长，员工的自我驱动和扁平化管理支撑了增长。
扩张期	更多高管加入；营造小米企业文化；群体智慧和中层决策。	小米生态链系列产品；米家平台；"科技界的无印良品"。	随着小米生态链的打造，以资本加文化纽带连接起来的生态链企业依托米家平台等互联网营销渠道，加之对员工个体的激活和授权，支撑着小米的相关多元化。
转型期	雷军亲自掌控供应链；员工过万；推进精细管理。	发布高端手机；小米之家体验店；明星广告，自主芯片。	随着来自OPPO、VIVO和华为的竞争加剧，小米通过雷军亲掌供应链、推进精细管理等组织战略和发布高端手机、自主芯片、线下渠道、明星广告等产品战略应对挑战。

组织要素和市场要素协同画布（小米案例）

发展阶段	组织要素	市场要素	组织和市场要素协同
创业期	雷军等手机发烧友创立小米；员工共同投资；平层组织模式。	安卓爆发前夜；雷军出资创业；发烧友参与MIUI开发。	雷军等创始人利用自己对行业和技术趋势的敏锐观察，在智能手机爆发前创立小米，投入自有资金，显示创业信心，并感召了一批有共同愿景的员工加入。
成长期	负责硬件的高管加入；员工自我驱动；三层组织结构。	软硬一体化趋势；B、C轮快速融资；与低端手机竞争。	创始团队兼有软件、硬件和互联网背景，符合手机软硬件一体化的趋势，团队的融资能力、员工管理能力和定位能力帮助小米抓住了低端手机快速增长的历史机遇。
扩张期	更多高管加入；营造小米企业文化；群体智慧和中层决策。	智能互联网趋势；D、E轮高额融资；扩大合作竞争范围。	小米引入有更为丰富背景的高管适应智能互联网发展趋势对人才的要求，通过两轮高额融资，抓住投资生态链企业的机会，并通过群智共享和决策放权激活组织。
转型期	雷军亲自掌控供应链；员工过万；推进精细管理。	数据驱动消费趋势；自有资金补充现金流；高端市场竞合。	在大数据驱动消费的趋势下，需求变化更为快速，不掌控供应链和线下渠道的模式难以适应新的趋势，小米因而做出相应组织管理和市场管理方面的调整。

产品要素和市场要素协同画布（小米案例）

发展阶段	产品要素	市场要素	产品和市场要素协同
创业期	MIUI迭代开发；发烧友口口相传；先做软件，再做硬件。	安卓爆发前夜；雷军出资创业；发烧友参与MIUI开发。	操作系统具有引领手机行业发展的作用，小米从MIUI系统切入，并与发烧友一起开发，既积累了用户基础，也做好了开发硬件的准备。
成长期	发布中低端手机；口碑营销；外包生产＋互联网渠道＋单品。	软硬一体化趋势；B、C轮快速融资；与低端手机竞争。	在用户界面方面有优势的MIUI系统帮助小米打造高性价比的手机，口碑营销、外包生产、互联网渠道、单款爆品等都有助于成本的降低，加之资金的持续投入，使小米可以获得大量中低端手机用户。
扩张期	小米生态链系列产品；米家平台；"科技界的无印良品"。	智能互联网趋势；D、E轮高额融资；扩大合作竞争范围。	小米生态链系列产品以智能互联为主要特征，符合产业发展趋势。生态链企业依托小米销售渠道产生合作关系，试图成为"科技界的无印良品"。
转型期	发布高端手机；小米之家体验店；明星广告，自主芯片。	数据驱动消费趋势；自有资金补充现金流；高端市场竞合。	在大数据驱动消费的趋势下，小米提前布局高端手机、自主芯片和云计算平台开发，并配合渠道和营销的转型，力争获取更高附加值。

战略方程式

① 战略 = 共 × 演　　　　　企业由多种要素组成，这些要素在企业生命周期中的共同演化形成了企业战略。

② 战略 = 格局 × 视野　　　企业的发展取决于企业家的格局和视野。
　　　　　　　　　　　　　合格的企业家要能够见终局、揽全局、知时局、应变局。

③ 战略 = 空间 × 时间　　　空间和时间决定着企业发展的潜力。
　　　　　　　　　　　　　卓越的企业总能够不断地拓展自己发展的空间，并延长自己发展的时间。

④ 战略 = 系统性 × 动态性　战略决定着企业的整体发展方向。
　　　　　　　　　　　　　整体，意味着要从系统性角度看战略；方向，意味着要从动态性角度看战略。

动态

09
第 9 章

江山代有才人出
各领风骚数百年

〔清〕赵翼

共演战略的动态性

成长期的指数型增长

美国麻省理工学院博士雷·库兹韦尔在《奇点临近》一书中提出了库兹韦尔定理。该定理指出，人类出现以来所有技术发展都是以指数增长。也就是说，一开始技术发展是缓慢的，但是一旦信息和经验积累到一定的基础，发展开始快速增长，然后是以指数的形式增长。

实际上，不仅仅技术存在指数增长情况，一些成长阶段的企业的用户、组织、产品和市场等方面都存在指数增长情况。

微信支付指数型增长

以微信支付为例，微信支付项目在 2012 年年底成立，并于 2013 年 8 月 5 日正式上线。上线后，微信支付一直不温不火。2014 年春节，微信红包在朋友圈刷屏，除夕夜有 458 万人收发了 1576 次红包。然而，春节一过，微信红包又进入一个沉寂期。进入 2015 年，微信支付开始发力，在春节期间发起了"春晚摇一摇"的活动。2015 年除夕夜有 1.04 亿人收发了 10.1 亿次红包。之后，随着微信红包成为一个"日常社交工具"，2016 年除夕，有 4.2 亿人收发了 80.8 亿次红包。

微信支付的成长实际上是用户、组织、产品和市场四个要素驱动的。
用户驱动：先抓发红包的爽点需求，再抓支付的普遍需求。
组织驱动：建立新团队、小团队，机制灵活，背靠腾讯大组织。
产品驱动：红包、摇一摇、转账、零钱等功能的持续创新。
市场驱动：与央视、线下商户合作，建开放生态系统。

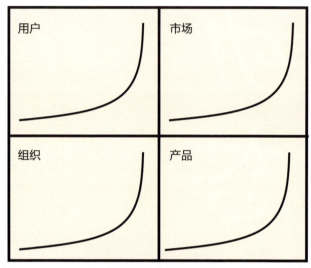

微信支付的指数型增长

衰退期的指数型衰退

和指数型增长类似,很多企业都会经历指数型衰退。企业衰退的原因有很多种,至少可以从用户、组织、产品和市场四个方面进行分析。

用户的基本需求虽然不会有大的变化,但用户满足需求的方式有很多种。一些具体的产品可能会因为用户选择增多,或者出现能够更好地满足用户需求的产品,而迅速被淘汰。组织方面,也可能因为创始人或关键人物的突发事件而造成组织的瓦解。市场方面,新的技术范式变革或者金融危机等外部事件,也可能造成企业的指数型衰退。

柯达胶卷的指数型衰退

1975 年,柯达工程师开发出了世界上第一台数码相机。1991 年,柯达就有了 130 万像素的数字相机。然而,2002 年柯达的产品数字化率也只有 25% 左右,而竞争对手富士已达到 60%。柯达传统影像部门的销售利润,在 2000 ~ 2003 年间,锐减 100 亿美元。2004 年,柯达宣布裁员 20%。2009 年,柯达继续实施战略重组,裁员幅度高达 50%。2012 年,柯达申请破产保护。

柯达的指数型衰退也是用户、组织、产品和市场四个要素驱动的。
用户驱动:没有理解比记录"精彩瞬间"更深刻的用户需求是分享快乐。
组织驱动:组织机构臃肿,决策效率低,市场在全球,决策在总部。
产品驱动:忽视了数码产品创新、过度扩张冲印店、模式创新不足。
市场驱动:低估了数字化趋势,把数码相机当作对手而非伙伴。

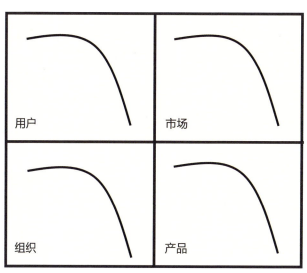

柯达胶卷的指数型衰退

战略要素变化的增强反馈回路

增强反馈回路是引发企业指数增长或指数衰退的主要原因。增强回路也分为正向增强回路和负向增强回路。正向增强回路也称为良性循环，负向增强回路也称为恶性循环。

四要素的增强反馈回路

用户要素：一方面，随着用户的流入，用户数量增加，增加的用户数量可能对用户流入产生正向增强回路效应，从而加快了用户流入速度。另一方面，随着用户的流失，用户数量减少，减少的用户数量可能对用户流出产生负向增强回路效应，从而加快了用户流出速度。

组织要素：一方面，随着组织活力的增加，组织能量提升，提升的组织能量可能对组织活力的来源产生正向增强回路效应，从而加快了组织活力增加的速度。另一方面，随着组织惰性的增加，组织能量下降，下降的组织能量可能对组织惰性增加的产生负向增强回路效应，从而提高了组织惰性水平。

产品要素：一方面，随着产品创新的增加，产品质量提升，提升的产品质量可能对产品创新的来源产生正向增强回路效应，从而提高了产品创新的速度。另一方面，随着产品过时，产品质量下降，下降的产品质量可能对产品过时产生负向增强回路效应，从而加快了产品过时。

市场要素：一方面，随着市场合作的增多，市场容量增加，增加的市场容量可能对市场合作行为产生正向增强回路效应，从而提高了市场合作的可能性。另一方面，随着市场竞争的加剧，市场容量下降，下降的市场容量可能对市场竞争产生负向增强回路效应，从而加剧了市场竞争。

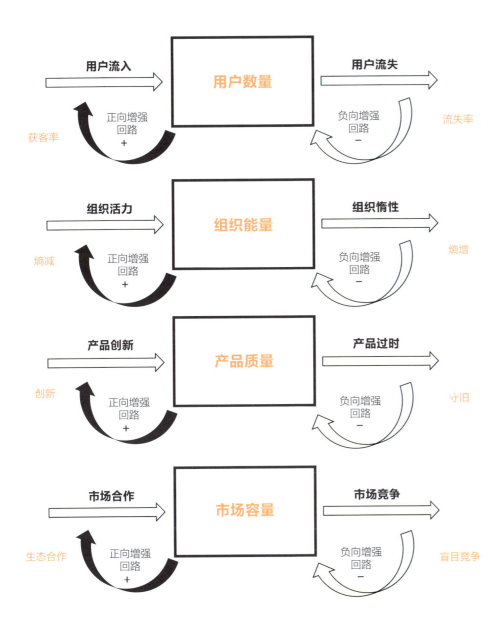

用户和组织要素增强反馈的机制

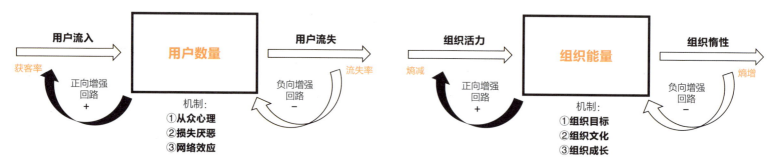

用户要素的增强反馈机制

① **从众心理**，指个人受到外界人群行为的影响，在自己的知觉、判断、认识上表现出符合于公众舆论或多数人的行为方式。因为用户普遍有从众心理，所以用户数量越多，对没有加入的人吸引力越大，从而实现正向增强回路。类似的，当用户流失达到一定程度，越来越多的用户会选择离开，从而形成负向增强回路。

② **损失厌恶**，指的是当一个人一旦拥有某项物品，那么他对该物品价值的评价要比未拥有之前大大增加。由于损失厌恶的影响，存量用户对拥有的商品或服务的评价可能偏离客观情况。如果用户的评价偏向正面，则会形成正向增强回路，如果用户的评价偏向负面，则会形成负向增强回路。

③ **网络效应**，指随着用户数量的增加，用户可能从其他用户那里获得了更大的价值，即某种产品对一名用户的价值取决于使用该产品的其他用户的数量。网络外部性有正向网络外部性和负向网络外部性之分。正向网络外部性指随着同一网络内用户增加，其他用户获得的价值也增大。负向网络外部性相反。

组织要素的增强反馈机制

① **组织目标**，为组织发展指明方向。当一个组织有明确组织目标时，组织能量就会增强，也会吸引更有目标感和使命感的员工加入组织，形成正向增强回路。当一个组织丧失明确组织目标时，组织能量就会减弱，有目标感和使命感的员工可能离开组织，形成负向增强回路。

② **组织文化**，是团队员工在经营活动中所秉持的价值观念，组织通过组织文化把组织目标落实到日常经营活动中。良好的组织文化能够提升员工的使命感、归属感、责任感等，形成正向增强回路。同时，如果一个组织随着发展产生严重的组织惰性，就会通过组织文化氛围在组织中弥漫开来，形成负向增强回路。

③ **组织成长**，是组织目标正确、文化优良的直接表现，团队员工需要时时刻刻体会到组织的成长并从中获益。成长的组织能够激发团队员工的组织活力，从而形成组织能量的正向增强回路。相反，组织惰性的积累会阻碍组织成长，削弱组织能量，形成负向增强回路。

产品和市场要素增强反馈的机制

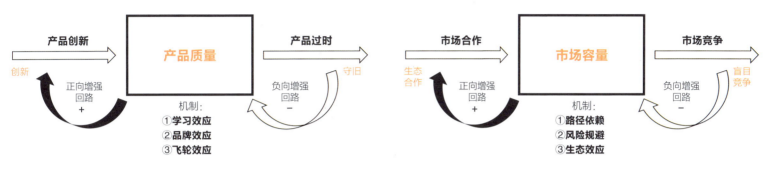

产品要素的增强反馈机制

① **学习效应**，指企业员工在长期生产过程中，通过积累产品生产、技术设计经验，提高产品开发和生产的效率。企业通过促使团队员工学习促进产品创新，从而形成正向增强回路。相反，如果企业的产品过时，团队员工就会失去学习机会，无法通过学习效应的积累提高产品质量，从而形成负向增强回路。

② **品牌效应**，是企业通过使用统一品牌提升用户对企业产品或服务的认知度和认可度。企业通过强化产品的品牌效应，使产品在用户心目中保持认知度和认可度，提升产品的市场竞争力，形成正向增强回路。相反，如果企业产品过时，就会伤害企业产品使用的统一品牌，损害产品在用户心目中的认知度和认可度，形成负向增强回路。

③ **飞轮效应**，指一个公司的各个业务模块之间有机地相互推动，就像咬合的齿轮一样相互带动。一开始，从静止到转动需要花比较大的力气，但一旦转动起来，齿轮就会转得越来越快。

市场要素的增强反馈机制

① **路径依赖**，指技术演进有惯性，一旦进入某一路径就可能对这种路径产生依赖。如果一家企业选择的技术路径正处于上升期，增长的市场容量会通过市场合作等机制进一步扩大市场容量，从而形成正向增强回路。但如果一家企业选择的技术路径正处于衰退期，减少的市场容量会通过市场竞争等有限的市场容量而形成负向增强回路。

② **风险规避**，指资源资本提供方往往希望降低所提供资源资本面临的风险，越是企业发展好的时候，资源资本提供方越是愿意提供资源资本，越是企业发展有困难的时候，资源资本提供方越是不愿意提供资源资本。

③ **生态效应**，指企业间通过分工合作，发挥各自优势，形成协同发展的生态体系，产生互惠互利的效应。当一个市场的容量足够大时，企业往往会更倾向于分工协作，进一步推动市场的发展，形成正向增强回路。当一个市场空间有限，企业更容易强调彼此间的竞争，进一步导致市场空间的压缩，形成负向增强回路。

用户战略演化路径

企业在经历的四个发展阶段中,用户要素不断发生演化。用户的战略要点从创业期的天使用户、爽痛点需求和现有竞品,变为成长期的大众用户、普遍需求和跨越需求鸿沟,扩张期的累积用户、多元需求和满足互补需求,以及转型期的重识用户、潜在需求和需求升降级。整个演化过程中既有增强回路在起作用,也有调节回路在起作用。

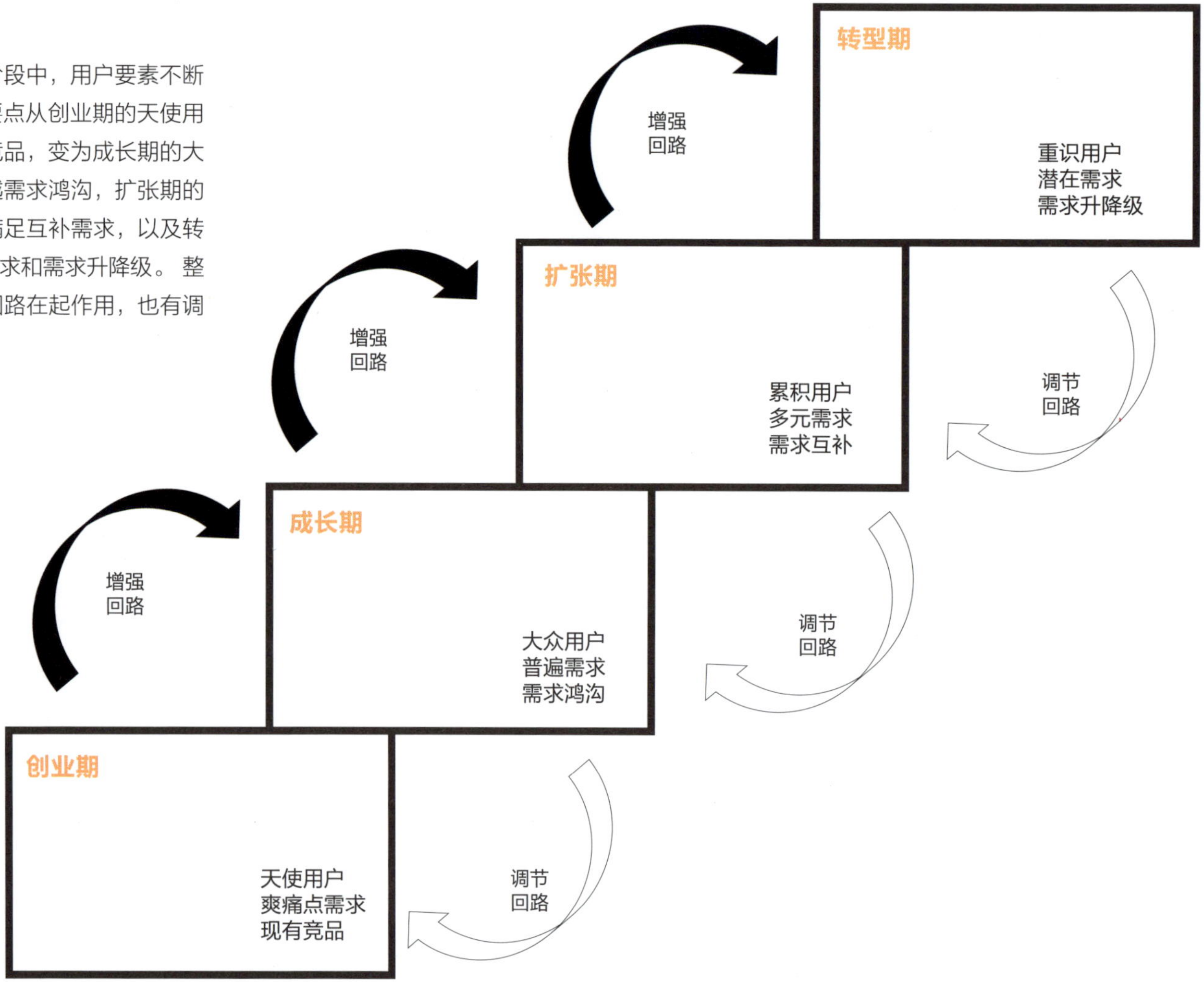

转型期
重识用户
潜在需求
需求升降级

增强回路

扩张期
累积用户
多元需求
需求互补

增强回路

调节回路

成长期
大众用户
普遍需求
需求鸿沟

增强回路

调节回路

创业期
天使用户
爽痛点需求
现有竞品

调节回路

组织战略演化路径

组织要素的战略要点从创业期的创始人、创始团队和扁平组织,变为成长期的创始人成长、团队专业化和层级组织,扩张期的创始人成熟、团队职业化和事业部组织,以及转型期的重拾创始人精神、团队创客化和耗散结构。整个演化过程中既有增强回路在起作用,也有调节回路在起作用。

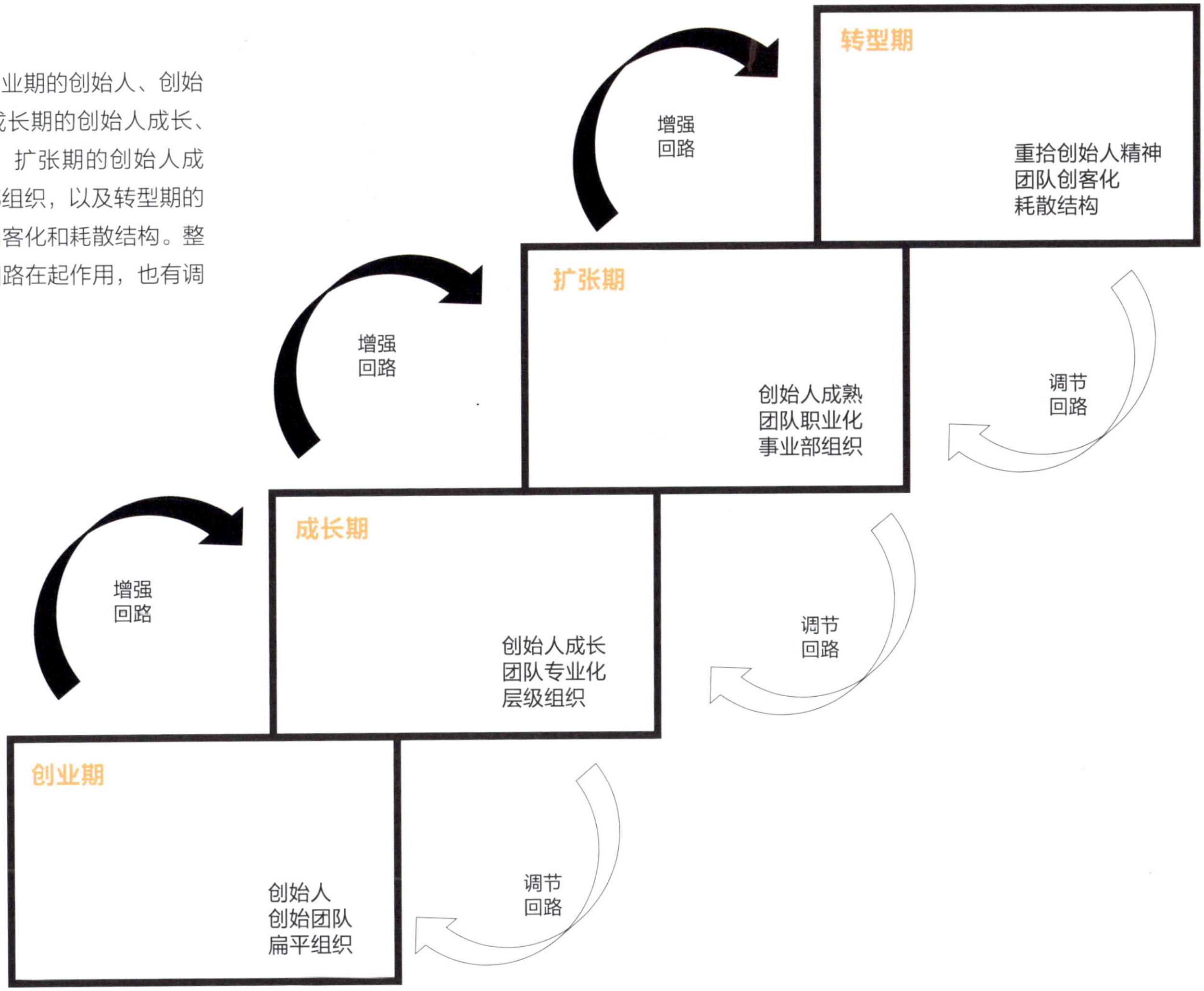

转型期
重拾创始人精神
团队创客化
耗散结构

增强回路

扩张期
创始人成熟
团队职业化
事业部组织

增强回路

调节回路

成长期
创始人成长
团队专业化
层级组织

增强回路

调节回路

创业期
创始人
创始团队
扁平组织

调节回路

产品战略演化路径

产品要素的战略要点从创业期的 MVP 开发、口碑营销和单点突破,变为成长期的爆款产品、广告营销和规模经济,扩张期的关联产品、关联营销和范围经济,以及转型期的品类创新、品类营销和生态模式。整个演化过程中既有增强回路在起作用,也有调节回路在起作用。

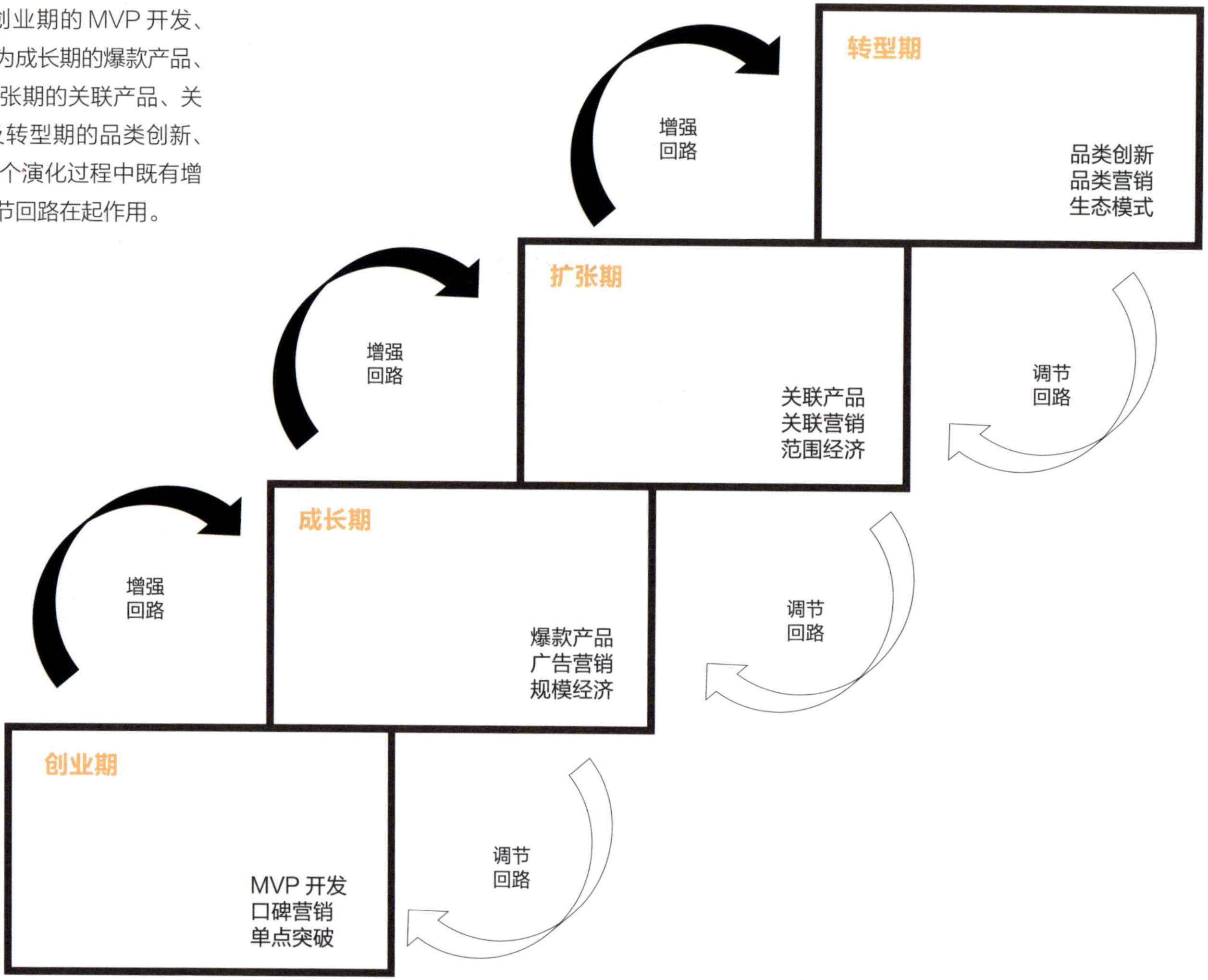

转型期
品类创新
品类营销
生态模式

扩张期
关联产品
关联营销
范围经济

成长期
爆款产品
广告营销
规模经济

创业期
MVP 开发
口碑营销
单点突破

增强回路 / 调节回路

市场战略演化路径

市场要素的战略要点从创业期的创新性技术、初始资本和混沌市场,变为成长期的成长性技术、精益融资和蓝海市场,扩张期的主导设计、资本运营和红海市场,以及转型期的范式变革、公司创投和蓝冰市场。整个演化过程中既有增强回路在起作用,也有调节回路在起作用。

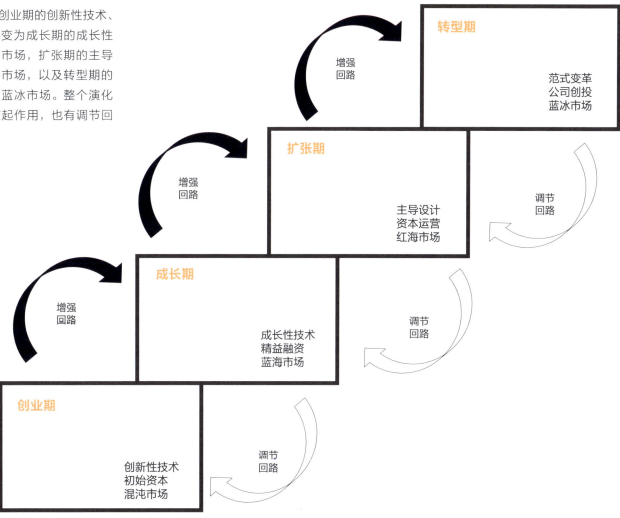

共演战略十六字诀

纵观共演战略四阶段，用户、组织、产品、市场四要素都可以用一个字概括，统称"共演战略十六字诀"。

用户要素的四字诀：
"精""众""存""非"

组织要素的四字诀：
"轻""快""强""升"

产品要素的四字诀：
"磨""专""联""新"

市场要素的四字诀：
"准""速""增""创"

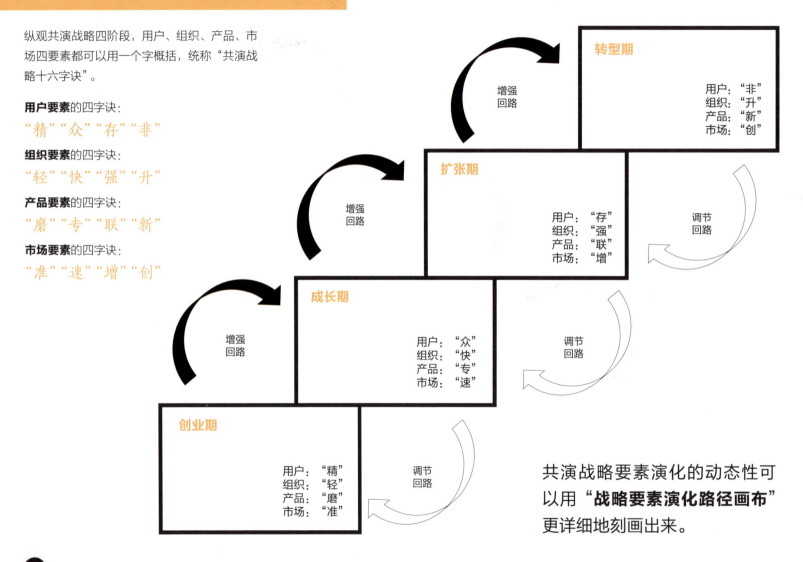

共演战略要素演化的动态性可以用**"战略要素演化路径画布"**更详细地刻画出来。

附录

一、共演战略的"魔法数字"

二、动物的共演战略启示

一、共演战略的"魔法数字"
1、2、4、6、12、48

❶	**1 个环境特征**	复杂 = 不确定性 × 不连续性
❷	**2 个战略维度**	人和事、内和外
❹	**4 个战略要素**	用户、组织、产品、市场
❹	**4 个战略阶段**	创业、成长、扩张、转型/衰退
❹	**4 条战略路径**	用户战略、组织战略、产品战略、市场战略
❻	**6 个战略问题**	Why、Who、What、Where、When、How
⓬	**12 个战略要点**	用户特征、用户需求、用户选择
		领导者、团队员工、组织管理
		产品开发、营销推广、业务模式
		技术趋势、资本资源、市场竞合
㊽	**48 个战略演化**	12 个战略要点在 4 个战略阶段的演化

二、动物的共演战略启示

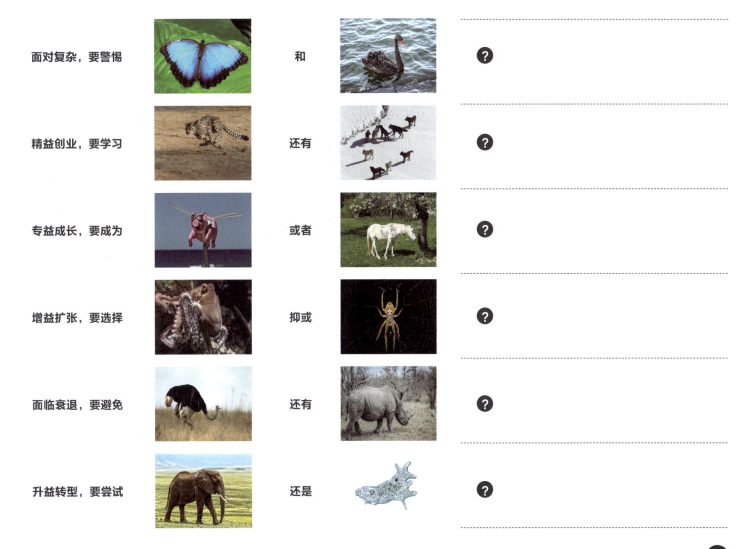

看动物，识战略

复杂 二 蝴蝶效应 × 黑天鹅效应

蝴蝶效应
是"不确定性"的代名词

蝴蝶效应是指在一个复杂的动力系统中，初始条件下微小的变化能带动整个系统的长期巨大的连锁反应。这是一种混沌现象。任何事物发展均存在定数与变数，虽然事物在发展过程中其发展轨迹有规律可循，但同时也存在不可测的"变数"，往往还会适得其反，一个微小的变化能影响事物的发展，说明事物的发展具有复杂性。

对蝴蝶效应最常见的阐述是："一只南美洲亚马逊河流域热带雨林中的蝴蝶，偶尔扇动几下翅膀，可以在两周以后引起美国得克萨斯州的一场龙卷风。"其原因就是蝴蝶扇动翅膀的运动，导致其身边的空气系统发生变化，并产生微弱的气流，而微弱气流的产生又会引起四周空气或其他系统产生相应的变化，由此引起一个连锁反应，最终导致其他系统的极大变化。

黑天鹅效应是非常难以预测且不寻常事件引发的结果。一般来说，"黑天鹅"事件满足三个特点：具有意外性；产生重大影响；虽然它具有意外性，但人的本性促使我们在事后为它的发生编造理由，并且或多或少认为它是可解释和可预测的。

黑天鹅效应因纳西姆·塔勒布（Nassim Taleb）的《黑天鹅》一书而闻名。书中描述了一只火鸡，过去1000天中都在每天早上得到主人带来的食物，所以它在第1001天早上得出主人今天还会带来食物的结论，但它没有料到的是主人这天要把它端上餐桌。

黑天鹅事件之所以具有意外性，是因为人们习惯于用归纳法认识世界。在人们看到第一只黑天鹅前，认为全世界的天鹅都是白色。当第一只黑天鹅出现时，关于"天鹅都是白色"的认知就崩塌了，或者说，人们的认知出现了不连续性。

黑天鹅效应
是"不连续性"的代名词

复杂 = 蝴蝶效应 × 黑天鹅效应。面对复杂的世界，人们要时刻警惕漫天飞舞的蝴蝶和不时出现的黑天鹅。一只蝴蝶就可能卷起一场龙卷风，漫天的蝴蝶会带来未来发展方向更大的不确定性。一只黑天鹅就可能带来一次不期而至的危机，不时出现的黑天鹅会使得未来发展路径更明显的不连续性。

为了更好地理解蝴蝶效应和黑天鹅效应，应对不确定性和不连续性，在复杂的环境中生存下去，人类一直走在构建知识体系的路上。

看动物，识战略

创业 = 猎豹 vs. 狼

猎豹速度
是"稳准狠"的代名词

猎豹

猎豹是陆地奔跑得最快的动物，它的时速可以达到 115 公里。如果人类的短跑世界冠军和猎豹进行百米赛跑的话，猎豹可以让这个世界冠军先跑 60 米，最后猎豹还会率先到达终点。

尽管猎豹跑得快，但最多只能全速跑 3 分钟，之后必须减速，否则就会因身体过热而死亡。所以猎豹在捕食的时候，它会尽量地、一步一挪接近猎物，尽量不让猎物发现它，在它靠得足够近的时候，它才开始突然一下纵跳出来，猛扑向猎物。

在自然界猎豹常常被一些体型比较大的猫科动物，比如说狮子打败，或者有可能被狮子咬死吃掉。幼豹的成活率很低，三分之二的幼豹在一岁前就被狮子、鬣狗等咬死或因食物不足而饿死。

创业圈有一句话："天下武功，唯快不破。"

但即使是作为世界上陆地奔跑得最快的动物，猎豹也要非常认真地把握自己的每一次捕猎机会。作为创业者，失败的机会也不多，好好把握每次机会，才能提高成功概率。

狼精神
是"团结和坚持"的代名词

狼

狼是足以和大型猛兽抗衡的动物。狼的优势不是个体强大,而是群体力量。

狼喜成群活动,每群约10来只,可以围猎、捕食羚羊、鹿等大中型草食动物。也食昆虫、老鼠,能耐饥。善奔跑,耐力强,长途奔袭时速可达40~60公里。

很多创业企业都提倡"狼文化"。例如,1997年,任正非提出,"华为要有狼的精神,要有敏锐的嗅觉,强烈的竞争意识、团队合作和牺牲精神"。

狼对成功有强烈的渴望,有面对挫折屡败屡战的执着,有面对多变环境极强的适应和求生能力,以及集体作战的团结精神。

创业圈有一句话:"独行快,众行远。"

很多创业者都把自己比喻成狼,不挑食,不放弃,为了生存,对外要团结一切可以团结的力量,对内要众志成城,坚韧不拔。

看动物，识战略

成长 = 猪 vs. 独角兽

风口上的猪
是被动跟风的代名词

猪

猪，杂食类哺乳动物。身体肥壮，四肢短小，鼻子口吻较长，体肥肢短，性温驯，适应力强，繁殖快。

2006 年，海尔首席执行官张瑞敏在一次分享中打了个比喻："有一句俗话叫做'台风来了，连猪都会飞'。我们海尔就是那只'会飞的猪'，如果不是国家改革开放的市场环境好，海尔也很难做到今天的成绩。"

后来，中年创业的雷军让"站在风口上，猪都会飞"这句话成了流行语。雷军也这么说是为了说明创业成功的本质是找到风口，顺势而为。而且，雷军创立的风险投资叫作"顺为资本"。

不过后来，雷军多次澄清"飞猪"理论的真正意思是：任何人在任何领域成功，都需要一万小时苦练，如果没有基本功，空谈飞猪的都是机会主义者。

成长阶段的企业，如果自己没有飞行能力，只靠风口，可能只是短期飞上天，但最终肯定会掉下来。

独角兽
是创新成长的代名词

独角兽

独角兽是神话传说中的一种虚构生物，形如白马，额前有一个螺旋角，代表高贵、高傲和纯洁。

在管理领域，独角兽指那些在成长阶段，能够在细分市场上快速形成优势，并得到资本市场认可的企业。

美国著名投资人艾琳·李（Aileen Lee）在 2013 年把私募和公开市场上估值超过 10 亿美元的创业公司称为"独角兽公司"。一般也都指在成立相对较短时间内就达到很高估值的未上市企业。

成长阶段的企业，做产品要"一根针，捅破天"。正像毛泽东主席在《十六字令三首》形容的那样。

山，快马加鞭未下鞍。惊回首，离天三尺三。山，倒海翻江卷巨澜。奔腾急，万马战犹酣。山，刺破青天锷未残。天欲堕，赖以拄其间。

看动物，识战略

扩张
二 章鱼 vs. 蜘蛛

章鱼式扩张

章鱼

章鱼是一类海洋软体动物，主体呈短卵圆形，囊状，无鳍；头与躯体分界不明显，章鱼的头连着大的复眼及 8 条可收缩的腕。

有科学家称，章鱼是地球上曾经出现的与人类差异最大的生物之一。章鱼有很发达的眼睛，这是它与人类唯一的相似之处。它在其他方面与人很不相同：章鱼有三个心脏，两个记忆系统（一个是大脑记忆系统，另一个记忆系统则直接与吸盘相连），章鱼大脑中有 5 亿个神经元，身上还一些非常敏感的化学的和触觉的感受器。这种独特的神经构造使其具有超过一般动物的思维能力。

章鱼很聪明，甚至有一条叫保罗的章鱼能预测足球世界杯比赛结果。但很多时候，聪明反被聪明误。也有一种形容扩张阶段企业战略的词叫"章鱼式扩张"，其实就是无关多元化。前些年，中国很多企业在经济快速发展的形势下大肆扩张，造成产能过剩、结构不合理等问题。

这两年"生态"这个词很火，于是有些企业把章鱼式扩张当作生态战略，结果是最终失败。生态战略和章鱼式扩张的差别在于，组成生态系统的子生态之间有直接的联系，而不像章鱼式扩张那样，各业务之间彼此孤立。

蜘蛛

蜘蛛是陆地生态系统中分布最广的物种之一。除南极洲以外，遍布全球。大多数蜘蛛都用很少的丝织成面积很大的网，网像一个空中滤器，陷捕未看见细丝的、挣脱力不强的昆虫。网虽复杂，但一般在1小时内即能织成。

"蜘蛛战略"一词源自阿密特·穆克荷吉（Amit Mukherjee）的畅销书《蜘蛛战略》。作者借鉴蜘蛛的生存法则，强调企业需要加强感知反应能力，促进与伙伴公司的合作，强化组织学习能力，以及将关键技术能力付诸实践。

如今，企业大多置身在协作网络之中，企业之间的竞争也越来越表现为不同协作网络之间的竞争。这就使得企业不能再仅仅专注于做好自身战略的规划和执行，还要能随时对协作网络内外的各种情况做出恰当的反应。

扩张阶段的企业可以借鉴蜘蛛织网的经验，构建和维护以自己为核心的价值网。

蜘蛛战略

看动物，识战略

衰退 二 鸵鸟 vs. 灰犀牛

鸵鸟心态

鸵鸟

鸵鸟是世界上最大的一种鸟类，不能飞行，但后肢粗壮有力，适于奔走。

早期的动物学家发现，鸵鸟经常把头探入地下，误认为它们是在躲避危险。这其实是一种误解，鸵鸟实际上是在检查埋在沙子里孵化的鸵鸟蛋。

但是，人们还是造出了一个词，"鸵鸟心态"。这个词最初见于1891年英国的一个刊物上，后来成为一个世界普遍通用的形象比喻，用来形容遇到困难和危险的时候，蒙蔽视线自以为安全，逃避现实、视若无睹、推卸责任、自欺欺人的心理。

有些进入衰退阶段或者面临衰退危险的企业，会产生不愿正视现实的心态，不敢采取应对危险、解决问题的措施。这类企业也被称为"鸵鸟企业"。

在《创新者的窘境》中，克莱顿·克里斯坦森（Clayton Christensen）指出，在位企业经常因为既得利益，犯"五所不能"的错误，即看不见用户、看不起需求、看不懂模式、学不会组织、跟不上市场。造成"创新者窘境"的首要原因，其实就是鸵鸟心态。

灰犀牛风险

灰犀牛

世界上第二大陆生动物,犀类动物腿短、体肥笨拙。犀牛头脑比较迟钝,夜间活动,视觉很差,但嗅觉和听觉敏锐。犀牛多数时候都会躲避人类,但在交配季节时期,或带着小犀牛的雌犀牛,稍受刺激就会攻击任何目标。

"灰犀牛风险"因为《灰犀牛:如何应对大概率危机》一书而出名,灰犀牛用来比喻大概率且影响巨大的潜在危机。这些危机在爆发之前,都已有迹象显现,但人们往往持有偏见、惰性和侥幸心理,往往忽视这些信号。

企业衰退就是典型的灰犀牛风险,迟早会来。面对大概率的灰犀牛风险,企业正确的选择是积极行动,错误的选择是逃避政策。

"灰犀牛"风险和黑天鹅风险不同,"黑天鹅"风险很难预测,挑战的是企业的想象力和预测力,"灰犀牛"风险则很容易预测,但挑战的是企业的应变力和行动力。

看动物,识战略

转型 = 大象 vs. 变形虫

大象跳舞

大象

大象是现存世界上最大的陆生动物。象头大,耳大如扇,四肢粗大如圆柱以支持巨大身体,膝关节不能自由屈伸。

管理学经常用大象来比喻体量巨大的成熟企业,用"大象跳舞"来比喻大企业的转型,这个说法最初来自带领 IBM 公司成功转型的 CEO 郭士纳的畅销书《谁说大象不能跳舞》。大象转身都不容易,何况是跳舞。普通人观赏大象跳舞,觉得动作很简单,但对于训象师(企业家)来说,却是生死考验。

像大象一样的企业实现成功转型,需要全身的协调,包括用户转型、组织转型、产品转型和市场转型等方面。各个战略要素的转型要尽量做到有序、协调,否则会造成企业内部管理的混乱,危及企业的生存和发展。

变形虫

变形虫,又音译为"阿米巴"。体表无坚韧的表膜,仅有一层薄的质膜。膜内为较透明的细胞质,可向细胞周围任何方向流动,致使身体表面生出不定形的突起。

变形虫是最低等的原始生物之一,为单细胞动物,具有极强的适应能力,在地球上存在了几十亿年,是地球上最古老、最具生命力和延续能力的生物体。

变形虫生命力强的原因在于,进行新陈代谢和维持生命活动的各种代谢菌系统均完整地存在于一个细胞之中,细胞本身就是一个独立存在的生命实体。

日本"经营之圣"稻盛和夫,在创立和经营京瓷公司等企业的过程中,借鉴变形虫能够随外界环境的变化而变化,不断地进行自我调整来适应所面临生存环境的特点,创造和实践阿米巴经营方式。阿米巴组织以各个阿米巴的领导为核心,自行制定各自的计划,并依靠全体成员的智慧和努力来完成目标。

很多大企业在转型的过程中,借鉴了阿米巴经营方式,化小核算单位,实施逐步的转型。

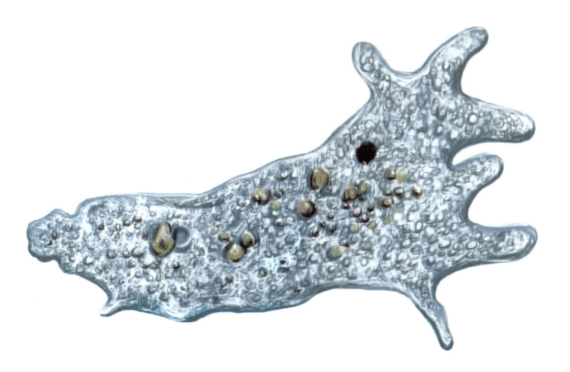

变形虫
(阿米巴组织)

后记

在信息无孔不入、屏幕无处不在、手机无人不带的时代,纸书的价值何在?这个好像不应由一位管理学者回答的问题,却是我写这本书的动因。

2018年4月初,我在机械工业出版社出版了《共演战略》一书。虽然那本书在众多朋友的支持下,销售非常不错,发货第一天就开始加印。但拿着沉甸甸的《共演战略》,我想到的第一个问题就是:书还是厚了,阅读门槛还是高了。

在《共演战略》里,我希望构建一套原创的描述从企业创业到卓越的演进分析框架。为此,我用了300张图和200个企业案例分析了用户、组织、产品、市场这四个战略要素,在创业、成长、扩张、转型这四个战略阶段的共同演化。为了保证框架的完整性和逻辑的严谨性,我不得不用了25万字的篇幅。同时,为了增加框架的实用性,随书赠送了一本书中工具的"行动手册"。但是,我还是觉得不满意。

在把书稿交给出版社的几个月里,特别是《共演战略》开始发售的这一个月里,我一直在考虑前面提到的那个问题:"共演战略"应该以什么样的形式更好地展现在读者面前,让更多读者了解、参与"共演战略"所倡导的系统性和动态性思维方式?

经过一段时间的思考,我得出的答案是两个字:"感动"。"感"是"感触","动"是"互动"。

"感触"之所以重要,是因为我们在离开母亲的子宫之前,在来到这个世界的一刹那之前,都是通过触觉认识世界的。拿在手上的这本排版精良、印刷精美的书,能为我们架起一座连接精神世界和物质世界的桥梁。

"互动"之所以重要,是因为我们能够通过书写和讨论,与作者和同伴分享阅读的感受,交流思考的成果。拿在手上的这本书,能让我们在上面写写画画,为你搭起一个与作者和同伴交流的平台。

在这本《共演战略画布》里,我用200页的厚度和7万字的篇幅,为你勾勒出一幅企业从创业到卓越的共同演化全景图。书中每页都有精美插图和实用工具,融汇全书的"感触"和"互动"设计思路,让你能快速理解"共演战略"的思维体系,并能学以致用,助你抢占事业和人生的战略制高点。

就书中的每一个主要话题,我还写了专门的文章做深入讨论,扫描封底的二维码,关注"共演"公众号,或加入"共演战略书友会",你可以进一步就书中的话题和其他读者互动。

路江涌
于北大燕园